什么是历史唯物主义

主　　编　闫　玉

副主编　孔德生　王雪军

本册作者　李程程

中华工商联合出版社

图书在版编目（CIP）数据

什么是历史唯物主义 / 李程程编著. --北京：中华工商联合出版社，2014.3

ISBN 978-7-80249-981-2

Ⅰ . ①什… Ⅱ . ①李… Ⅲ . ①马克思主义哲学－历史唯物主义－青年读物②马克思主义哲学－历史唯物主义－少年读物 Ⅳ . ①B03-49

中国版本图书馆 CIP 数据核字（2014）第 034649 号

什么是历史唯物主义

作　　者：李程程
出 品 人：徐　潜
策划编辑：魏鸿鸣
责任编辑：徐彩霞
封面设计：徐　超
责任审读：郭敬梅
责任印制：迈致红
出版发行：中华工商联合出版社有限责任公司
印　　刷：固安县云鼎印刷有限公司
版　　次：2014 年 4 月第 1 版
印　　次：2021 年 10 月第 2 次印刷
开　　本：155mm×220mm　1/16
字　　数：84 千字
印　　张：10
书　　号：ISBN 978-7-80249-981-2
定　　价：38.00 元

服务热线：010－58301130
销售热线：010－58302813
地址邮编：北京市西城区西环广场 A 座
　　　　　19－20 层，100044
http://www.chgslcbs.cn
E-mail：cicap1202@sina.com（营销中心）
E-mail：gslzbs@sina.com（总编室）

凡本社图书出现印装质量问题，请与印务部联系。
联系电话：010－58302915

目 录 *Contents*

一、历史唯物主义即唯物史观 / 001

（一）什么是唯物史观 / 001

（二）社会历史观的基本问题 / 005

（三）历史唯物主义在马克思主义哲学中的
地位 / 009

二、历史唯物主义的提出与确立 / 013

（一）历史唯物主义产生的背景 / 013

（二）历史唯物主义的萌芽与初步发展 / 032

（三）历史唯物主义的确立与不断深化 / 036

三、历史唯物主义的主要观点 / 045

（一）社会生活在本质上是实践的 / 045

（二）社会基本矛盾是社会发展的根本动力 / 066

（三）人民群众是历史的创造者 / 071

四、历史唯物主义的历史意义 / 086

（一）历史唯心主义缺陷及长期存在的原因 / 086

（二）历史唯物主义的创立是历史观的
伟大变革 / 091

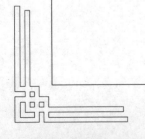

五、历史唯物主义的当代价值 / 096

（一）发展是硬道理 / 096

（二）提高文化软实力 / 113

（三）坚持以人为本 / 128

参考文献 / 155

一、历史唯物主义即唯物史观

唯物史观的发现，是马克思一生中的两个重大发现之一，也是人类科学思想中最大的成果之一。它在人们的社会历史观中实现了彻底的变革，为一切有关社会领域的科学研究开辟了崭新的前景。

（一）什么是唯物史观

历史唯物主义（historical materialism），也叫唯物史观。

它是马克思、恩格斯所创立的关于人类社会发展最一般规律的科学，是马克思主义哲学的重要组成部分，是无产阶级的世界观。历史唯物主义认为：社会历史发展具有自身固有的客观规律；社会存在决定社会意识，社会意识又反作用于社会存在；生产力和生产关系之间的矛盾、经济基础和上层建筑之间的矛盾是推动社会发展的基本矛盾；在阶级社会中，社会基本矛盾表现为阶级斗争，阶级斗争是阶级社会发展的直接动力；阶级斗争的最高形式是进行社会革命，夺取国家政权；社会发展的历史是人民群众的实践活动的历史，人民群众是历史的创造者，但人民群众创造历史的活动和作用总是受到一定历史阶段的经济、政治和思想文化条件的制约。

唯物史观，是人类社会发展一般规律的科学。它第一次正确地回答了社会存在和社会意识的关系问题，深刻地揭示了社会发展的一般规律。它是构成马克思主义哲学的相对独立的组成部分，是马克思、恩格斯对于哲学的重大贡献。历史唯物主义的创立，标志着唯物主义已经上升到一个崭新的阶段，呈现为辩证唯物主义与历史唯物主义相统一的、彻底的、完备的科学唯物主义形态。

在唯物史观诞生以前，人们总是从神的意志、卓越人物的思想或某种隐秘的理性，即从某种精神因素出发去解释历史事件，说明历史的发展。其结果不是曲解人类史，就是完全撇开人类史。资产阶级历史观用"人"的观点解释历史，比起中世纪用神的意志说明历史的神学观点是一个重大进步。但它所理解的"人"是一种抽象的人，即脱离历史发展条件和具体社会关系、孤立地站在自然面前的生物学上的人，或失去感性存在的玄虚的"自我意识"。从这种抽象的人出发，必然把历史发展和社会进步的动力归结为人类的善良天性或者神秘的理性。这仍然是用非历史因素、人们想象和思考出来的东西去解释历史，因而不可能正确地认识历史以及历史研究的对象。

列宁说过，唯物主义历史观最初是作为假说而提出来的。科学发展史告诉人们，假说通常总是因为回答需要解答的问题而设立的。唯物史观作为假说，首先是为了回答阶级斗争这个当时尖锐的历史事实所提出的问题而逐步形成的。恩格斯在论述唯物史观形成的历史过程时，提出当时发生的一系列阶级斗争，是"在历史观上引起决定性转变的历史事实"①。面对这样的事实，当时法国复辟时期的一批历史学家以及伟大的空想社会主义者圣西门等人，都曾提出过自己的理论。他们虽然对问题的研究起过一定的推动作用，却最终未找到科学答案。只有马克思在继承前人成果

---

① 《马克思恩格斯全集》第 19 卷 [M]，北京：人民出版社，1995 年，第 225 页。

的基础上，才发现了阶级斗争问题的真谛，指出生产力与生产关系的矛盾是一切历史冲突的根源。但唯物史观并不等于阶级斗争理论。如同恩格斯后来指出的，研究阶级斗争，研究各个阶级及其代表人物动机背后的动因，是发现整个历史发展普遍规律的"唯一途径"。马克思正是面对阶级斗争这样尖锐的事实，由此入门，再深入下去，在历史学、哲学、法学、经济学等领域，上下求索，并在当时自然科学所获成果的启发下，扬弃了旧历史哲学的唯心主义实质及其企图包罗万象的复杂形式，并使之综合起来，形成了关于唯物史观的假说。这个科学假说的一些基本原理在《德意志意识形态》等著作中作了最初的说明。《政治经济学批判序言》中对此作了比较完整的表述。1867年《资本论》第一卷出版，唯物史观由假说被证明为真理。它不断在实践中接受检验，内容上不断充实，形式上日臻完善，正在并且还将在新的实践中继续发展。历史唯物主义是人类科学思想中的伟大成果，为人类开辟了一个新的广阔的科学领域，实现了整个社会历史观的变革，实现了哲学的变革，为马克思主义政治经济学和科学社会主义奠定了历史理论基础。随着科学和革命实践的不断发展，唯物史观本身也在不断得到检验、证实、丰富和发展。

（二）社会历史观的基本问题

人们在认识自然界、改造自然界的实践过程中，逐步形成或运用了某种特定的自然观，显示出人们对自然界所持的根本观点不同。同时，人们在认识、改造和处理人类社会自身以及社会与自然关系的实践中，也逐步形成、运用和发展着某种特定的历史观。

所谓历史观，是指人们在认识社会历史现象、解决社会问题时所采取的根本观点。社会历史观涉及许多重大的社会历史问题，如社会存在与社会意识的关系，社会历史有无规律性，生产力与生产关系、经济基础与上层建筑在社会历史进程中的动力作用，阶级斗争在阶级社会发展中的作用，人民群众和杰出人物在历史上的作用，社会进步与人的全面发展的关系，等等。

哲学的基本问题是思维与存在的关系问题，而社会历史观的基本问题则是社会存在与社会意识的关系问题。所谓社会存在，是指人类社会生活的物质方面，是人类物质生活要素与条件的总和。它包括物质资料的生产方式、地理环境、人口因素以及交往实践等，主要是物质资料的生产方式。所谓社会意识，是指人类社会生活的精神方面，是人类精神生活要素的总和，它包括政治、法律、道德、艺术、宗教、哲学、科学等思想、观点以及风俗、习惯等社会心理现象。

社会存在和社会意识的关系问题是人们认识和解决所有社会历史问题的出发点，是一切有关社会历史学说、理论的基石，是历史观的基本问题。社会存在和社会意识的关系问题为什么是历史观的基本问题？原因主要有以下几个方面。

第一，社会存在与社会意识的关系问题是任何历史观都不能回避而必须首先回答的问题。人类社会的现象种类万千，纷纭复杂，但高度概括起来无非有两大类：一类是社会的物质现象及其相互关系；一类是社会的精神现象及其相互关系。前者即为社会存在，后者即为社会意识。社会历史观要研究整个社会的本质，对社会现象作出最高的概括和总结，必须首先回答这二者的关系问题，否则历史观的研究就不可能进行。

第二，社会存在和社会意识的关系问题是两种历史观对立和斗争的焦点。社会存在和社会意识何者为第一性、何者为第二性的问题，是划分历史唯物主义和历史唯心主义的唯一标准。凡认为社会存在第一性，社会意识第二性，社会存在决定社会意识的观点，就属于历史唯物主义或唯物史观。凡认为社会意识第一性，社会存在第二性，社会意识决定社会存在的观点，就属于历史唯心主义或唯心史观。两种历史观的斗争都是围绕着这一问题的不同回答展开的。

历史唯物主义也叫唯物主义历史观或唯物史观。其基本观点是：社会存在决定社会意识；人民群众创造历史。历史唯物主义从物质生活的生产方式制约着整个社会生活、政治生活和精神生活的过程这一基本观点出发，认为社会存在是社会生活中第一性的东西，是社会意识的根源。社会意识是社会存在的派生物，是第二性的东西。不是人们的意识决定人们的存在，相反，是人们的社会存在决定人们的社会意识。这是社会存在和社会意识关系问题的唯一科学的回答。

历史唯心主义也叫唯心主义历史观或唯心史观。其基本观点是：社会意识决定社会存在；英雄人物、帝王将相的意志创造历史。历史唯心主义在社会生活中总是寻找某种精神的因素作为社会发展的终极原因和动力，它以种种不同的形式坚持着社会意识第一性、社会意识决定社会存在的观点。

社会意识和社会存在的关系问题是两种历史观斗争的焦点。历史唯物主义和历史唯心主义在其他问题上的分歧和争论，都是围绕社会存在和社会意识的关系这个问题或在对这个问题的不同回答的基础上展开的。

第三，社会存在与社会意识的关系问题是研究历史观其他问题的前提和基础。它是贯穿于历史观中的主线，决定着历史观其他诸问题的解决，也决定着整个社会历史观的基本性质和面貌。例如，认为社会存在决定社会意识，必然从社会自身内部寻找历史发展的动因，并把社会的发展归结为客观的、合乎规律的自然历史过程，从而决定其历史观的基本性质是唯物史观；反之，如认为社会意识决定社会存在，必然将社会发展的根本原因归结为人的意志，主张英雄创造历史，否认社会历史发展的客观规律性，其历史观的基本性质是唯心史观。

第四，社会存在和社会意识的关系问题也是社会实践中的根本问题。人们在认识社会和改造社会的过程中，都需要首先正确地解决社会存在和社会意识的关系问题。对这一问题解决的程度如何，直接关系到实践的成败。

社会生活现象纷繁复杂，社会历史观要揭示社会的本质及其发展规律，必须对社会现象进行高度概括，抓住社会生活的根本。社会存在和社会意识作为历史唯物主义的最基本的范畴，它们是历史唯物主义对社会生活的上述两种现象、两个方面的一般概括。

只有把社会现象区分为社会存在和社会意识，并进而揭示出二者之间的本原和派生、第一性的决定作用与第二性的反作用等的复杂关系，才能得出社会存在决定社会意识，社会的物质生活制约着社会的精神生活和政治生活的结论。同时，社会意识、社会的精神生活和政治生活在社会发展中具有重大的反作用，但社会存在和社会意识的本原和派生关系是不能颠倒的。因此，"一切社会变迁和政治变革的终极原因，不应当在人们的头脑中，在人们对永恒的真理和正义的日益增进的认识中去寻找，而应当在生产方式和交换方式的变更中去寻找；不应当在有关的时代的哲学中去寻找，而应当在有关的时代的经济学中去寻找"①。

（三）历史唯物主义在马克思主义哲学中的地位

历史唯物主义作为马克思一生的两个重大发现之一，在马克思主义哲学的整体中具有特别重要的地

---

① 《马克思恩格斯选集》（第3卷）[M]，北京：人民出版社，1995年，第424—425页。

位，所以马克思主义哲学通常被称为"辩证唯物主义和历史唯物主义"。

历史唯物主义和辩证唯物主义共同组成"一整块钢铁铸成的马克思主义哲学"① 的科学体系。这是因为：

第一，从马克思主义哲学的形成来看，历史唯物主义和辩证唯物主义是互为前提的。

历史唯物主义的产生，是把唯物主义对自然界的认识推广到对人类社会的认识，即把唯物主义贯彻到底了。因此，不从世界观和方法论上用唯物主义反对唯心主义、用辩证法反对形而上学，就不能创立历史唯物主义。从这个意义上说，没有辩证唯物主义就没有历史唯物主义。

辩证唯物主义作为自然、社会和人类思维发展的普遍规律的科学，这一完整世界观的形成，不能脱离对社会历史的正确认识。社会运动的规律既是物质世界运动规律的局部，同时又是自然规律发展的最高产物和表现，没有对社会生活过程及其本质的正确理解，就不可能彻底解决哲学世界观中的一系列根本问题。从这个意义上说，没有历史唯物主义就没有辩证

---

① 《列宁专题文集·论辩证唯物主义和历史唯物主义》［M］，北京：人民出版社，2009 年，第 112 页。

唯物主义。因此，辩证唯物主义和历史唯物主义是作为整体同时产生的。

第二，从马克思主义哲学的内容来看，辩证唯物主义和历史唯物主义是相互贯通的。

辩证唯物主义中渗透和包含着历史唯物主义。如辩证唯物主义关于物质与意识的关系、实践与认识的关系等基本原理的论述，就包含着历史唯物主义的立场和观点。

历史唯物主义中渗透和包含着辩证唯物主义，它把辩证唯物主义关于第一性的东西与第二性的东西之间的相互作用的原理、矛盾运动和矛盾转化的原理等贯穿于对社会历史现象的全部分析当中。如"实践"这个马克思主义哲学的基本观点，很难说它究竟是"单纯"的辩证唯物主义的观点，还是"单纯"的历史唯物主义的观点。实际上，它作为二者统一的鲜明体现，本身就是对马克思主义哲学整体性的最好证明。

第三，从马克思主义哲学的作用来看，辩证唯物主义和历史唯物主义是在相互统一中共同担负起历史使命的。

马克思主义者是实践的唯物主义者，即共产主义者。其全部任务在于革命地改造世界。在这一过程中，辩证唯物主义和历史唯物主义相互结合，共同担当着世界观和方法论的任务。辩证唯物主义对社会实践的指导作用不能离开历史唯物主义；同样，历史唯物主义对社会实践的指导作用也不能离开辩证唯物主义。

我们要特别反对那种否认历史唯物主义的世界观意义，企图把它从马克思主义哲学中排斥出去的观点；同时也不能把马克思主义哲学仅仅归结为历史唯物主义。只有坚持辩证唯物主义和历史唯物主义的辩证统一，才能在实践中正确发挥马克思主义哲学科学的世界观和方法论的功能。

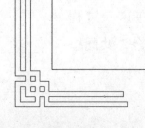

二、历史唯物主义的提出与确立

（一）历史唯物主义产生的背景

在资本主义社会化大生产出现以前，即使是最天才的头脑也根本不能发现历史唯物主义，只有在资本主义社会化大生产的条件下，人们才能发现历史唯物主义。

1. 历史唯物主义产生的社会历史条件

在资本主义社会化大生产的条件下，生产力发展的速度大大加快，社会关系急剧变化，这使人很清楚地看到，任何社会制度都不是永恒的，都不是固定不变的，而是在发展变化的。马克思、恩格斯在《共产党宣言》中指出："资产阶级除非使生产工具，从而使生产关系，从而使全部社会关系不断地革命化，否则就不能生存下去。"[1] 这就生动地描绘了资本主义社会制度下，社会化大生产的社会关系急剧变化的情景，这种情景使人们有可能认识到社会历史不是不变的，而是发展变化的。

只有在资本主义大生产的条件下，才能使人看到社会发展变化的最终原因是经济关系，是人们的社会生产方式。因为在奴隶社会和封建社会，人们之间的阶级关系被等级关系所掩盖，不容易被看清。比如中国的奴隶社会和封建社会分成很多等级，最高的是皇帝，下面是诸侯、大夫。诸侯中又分为很多爵位，如公、侯、伯、子、男等。欧洲的封建社会也分为很多等级，国王、僧侣、贵族、骑士，等等。这样的许许多多的等级关系，就掩盖了人们之间的阶级关系。人们看不出各阶级之间斗争的物质原因是什么，看不出人们之间的经济关系怎样。到了封建社会后期，资产阶级起来革命了，资产阶级反对封建贵族的斗争，使

---

① 《马克思恩格斯选集》第 1 卷 [M]，北京：人民出版社，1995年，第 254 页。

封建社会被资本主义社会所取代，这一阶级斗争就已经被一些有远见的资产阶级政治家、思想家所发现。资本主义确立后，阶级关系日益简单化，日益把社会成员分为两大对抗阶级，一个是无产阶级，一个是资产阶级。这使人们看到，资产阶级反对封建贵族的斗争和无产阶级反对资产阶级的斗争，是当时推动西欧社会发展的直接动力。这些阶级是如何产生的？这些阶级之间为什么要不断地进行斗争？考察的结果发现，这些不同阶级是由于经济原因产生的，由于他们具有不同的经济利益，所以他们彼此不断地进行斗争。只有在这个时候，才能发现推动社会历史发展的直接动力是阶级斗争。这就说明了推动历史发展的最根本的动力在于经济利益之间的冲突，在于社会的生产方式。这样就找到了社会发展的最根本的动力。

历史的发展是有规律的，但这也只有在社会化大生产的基础上才能看到。因为要发现历史的发展规律，就要对不同国家进行比较，从不同国家的社会历史中找出共同的、普遍的东西。这就需要各国在政治、经济、文化、思想方面不断加强联系，就需要有一些有远见的思想家不仅了解本国历史，还要了解其他国家的历史。这在生产力水平很低、交通很不方便的情况下是做不到的。

马克思和恩格斯说："资产阶级，由于开拓了世界市场，使一切国家的生产和消费都成为世界性的了。不管反动派怎样惋惜，资产阶级还是挖掉了工业脚下的民族基础。古老的民族工业被消灭了，并且每天都还在被消灭。它们被新的工业排挤掉了，新的工业的建立已经成为一切文明民族的生命攸关的问题，这些工业所加工的，已经不是本地的原料，而是来自极其遥远的地区的原料：它们的产品不仅供本国消费，而且同时供世界各地消费。旧的，靠本国产品来满足的需要，被新的、要靠极其遥远的国家和地带的产品来满足的需要所代替了。过去那种地方的和民族的自给自足和闭关自守状态，被各民族的各方面的互相往来和各方面的互相依赖所代替了。物质的生产是如此，精神的生产也是如此。各民族的精神产品成了公共的财产。民族的片面性和局限性日益成为不可能，于是由许多种民族的和地方的文学形成了一种世界的文学。""资产阶级，由于一切生产工具的迅速改进，由于交通的极其便利，把一切民族甚至最野蛮的民族都卷到文明中来了。"[①] 世界各国在经济、政治、思想文化方面联系的加强，就为发现历史发展的客观规律性提供了条件。例如，马克思和恩格斯发现资本

---

① 《马克思恩格斯选集》第 1 卷 [M]，北京：人民出版社，1995年，第 254—255 页。

主义社会发展规律，仅仅生活在德国就做不到这一点，他们创造理论时，在经济上以英国为典型，在政治上以法国为典型。再如，马克思和恩格斯发现原始社会的发展规律，发现从原始社会到奴隶社会的转变，发现阶级的产生和国家的起源，就充分利用了摩尔根《古代社会》一书中关于美洲土人的社会生活状况的材料，并且广泛利用了古代希腊、罗马的一些历史材料。所有这些，只有在思想文化交流非常广泛的情况下才能做到。

2. 历史唯物主义产生的阶级条件

随着资本主义制度的确立，资本主义社会生产力和生产关系、经济基础和上层建筑之间的矛盾日益深化，无产阶级和资产阶级的矛盾日趋尖锐，到了19世纪30年代和40年代，西欧社会的主要矛盾已经从人民大众与封建势力的矛盾转化为无产阶级与资产阶级的矛盾，无产阶级在政治斗争中已经从资产阶级反对封建势力的同盟军，发展到以独立的政治力量登上历史舞台，展开了独立的政治运动，反对资本主义制度和资产阶级的统治。1831年和1834年，法国里昂工人先后两次举行武装起义，特别是1834年的起义，明确提出了"建立共和国"的政治口号。里昂工人起义揭开了工人运动史上新的一页，标志着法国工人已经在斗争中提出政权问题，开始走上独立政治运动的道路，里昂工人已经是"社会主义的战士"① 了。1836 年，英国开始了"人民宪章"运动。宪章运动从 1836 年到 19 世纪 40 年代为止，先后经历了三次高潮，这是全国性的无产阶级争取政治权利的运动，标志着英国无产阶级已经作为一支强大的生力军走上独立政治运动的道路。列宁说："宪章运动是世界上第一次广泛的真正群众性、政治性的无产阶级运动。"② 1844 年，德国西里西亚纺织工人发动了起义，这是一次直接反对资本家残酷剥削的斗争，他们的斗争目标明确地对准了私有制，提出了消灭私有制的口号。马克思说："西里西亚起义一开始就恰好做到了法国和英国工人在起义结束时才做到的事，那就是意识到无产阶级的本质。"③ 无产阶级已经以独立的政治力量登上历史舞台，迫切要求一种革命理论能够正确地阐明他们的历史地位和历史作用，给他们指明推翻资本主义旧世界、建设社会主义和共产主义新世界的方向和道路。马克思和恩格斯正是适应无产阶级解

---

① 《马克思恩格斯全集》第 1 卷 [M]，北京：人民出版社，1995年，第 486 页。

② 《列宁选集》第 3 卷 [M]，北京：人民出版社，1995 年，第811 页。

③ 《马克思恩格斯全集》第 1 卷 [M]，北京：人民出版社，1995年，第 483 页。

放斗争的需要，创立历史唯物主义的。

3. 创立历史唯物主义的理论前提

任何一种理论的创立，都需要有一定的社会历史条件，同时，任何理论的创立，又都需要以前人的思想资料为前提。没有前人传下来的思想资料，任何天才的思想家都不能在一张图纸上创立自己的理论。恩格斯说："每一时代的哲学作为分工的一个特定的领域，都具有由它的先驱者传给它而它便由以出发的特定的思想资料作为前提。"[①] 历史唯物主义的创立也是如此。在马克思主义哲学产生以前，虽然没有系统的唯物主义观点，但历史上不少有作为的思想家，特别是 18 世纪以来的一些资产阶级思想家，在探讨历史发展的最后原因方面，提出了不少有价值的思想，为历史唯物主义的创立提供了理论条件。

（1）18 世纪法国唯物主义者的历史观

18 世纪法国唯物主义的代表人物主要有狄德罗、霍尔巴赫、爱尔维修、拉美特利等人。

18 世纪法国唯物主义者在反对宗教神学和哲学唯心主义的斗争中，举起了战斗唯物主义的旗帜。他

---

① 《马克思恩格斯选集》第 4 卷 [M]，北京：人民出版社，1995年，第 485 页。

们对社会历史发展的最后动因，也曾经做过一些有益的探讨，提出"人是环境的产物"这样一个无论在当时还是在后来都颇有影响的命题。这在历史观上是一个进步。他们从彻底的感觉主义的原则出发，把人的全部心理活动看作是感觉的变形，认为人的一切感觉、表象和概念，都是周围环境对他的感觉器官作用的结果。人及其一切观念，都是由周围环境所造成的。所谓环境，一个是自然环境，一个是社会环境，法国唯物主义者所说的决定人的环境，主要指的是社会环境而不是自然环境。这个把人看成是周围环境的产物的观点乃是法国唯物主义者许多革命要求的主要理论基础。在他们看来，如果人依赖于社会环境，如果人的全部性格都是由社会环境所决定的，那么，人的缺点也是由社会环境所决定的。所以，要改变人的缺点，就必须首先改变造成其缺点的社会环境，因为自然环境是不会使人变善或变恶的。这就是他们从"人是环境的产物"这个命题出发得出的进步的、革命的结论。从"人是环境的产物"这个命题，本应合乎逻辑地推论出下述一个观点，即如果任何人的思想都为他的周围环境所决定，那么，人类的思想在其历史发展中，就必然由社会环境的发展、社会关系的历史所决定，因此，就应从研究人的观念的历史，进而转到研究社会环境的历史、社会关系的历史以及社会发展的规律性。但是，法国唯物主义者只是接近了这个任务，并没有正确地提出这个任务来，更谈不上完成这个任务了。

"人是环境的产物"，但是决定人的社会环境的又是什么呢？在法国唯物主义者那里，便出现了一个同"人是环境的产物"完全相反的命题："意见支配世界"。这样一来，法国唯物主义者在历史观上就陷入了如下的二律背反：人及其一切意见是社会环境的产物（即"人是环境的产物"），环境及其一切属性又是意见的产物（即"意见支配世界"）。犹如"陆在鲸上，鲸在水上，水在陆上"，法国唯物主义者在他们所无法解决的矛盾中兜圈子。而只要这个矛盾得不到解决，就不可能在社会历史领域建立起唯物主义观点，也就必然陷入历史唯心论。如爱尔维修说，"必须有天才，才能用好法律代替坏法律"，"一些伟大的君主在那里召唤天才，天才则召唤幸福"。这样，他们便由"意见支配世界"得出了"英雄创造历史"的唯心主义结论。由此可见，18 世纪法国唯物主义者在社会历史观的领域里，最终又背叛了唯物主义，回到了被他们自己批判过的唯心主义观点上去。

（2）19 世纪空想社会主义者的历史观

在欧洲历史的研究中，圣西门看到了阶级斗争对历史发展的作用。他认为 15 世纪以来的西欧历史就是厂主反对封建贵族的长期斗争的历史；厂主反对贵族的斗争，是两个经济利益对立的阶级之间的斗争，而法国大革命不过是这个斗争的"插曲"。不仅如此，圣西门还进一步指出，法国大革命不仅是资产阶级同封建阶级的斗争，而且也是无产阶级同封建贵族、资产阶级之间的阶级斗争。恩格斯称赞说："这在 1802 年是极为天才的发现。"① 这说明圣西门的观点离 18 世纪法国唯物主义者的历史观已经很远了。这里已经不是什么"意见支配世界"，而是社会利益，更确切些说是阶级利益和这些利益所引起的社会斗争，支配着世界，决定着历史的进程。同法国唯物主义者的历史观相比，这是一个相当大的进步。

但是，由于 19 世纪的空想社会主义者没有摆脱唯心史观的束缚，所以圣西门虽然承认人类社会的发展是有自己的规律的，也看到了财产关系和阶级斗争在社会发展中的重要作用，然而在他那里社会发展的基础并不是物质生产的发展，社会发展的动力并不是阶级斗争，而是理性和理性的进步。他认为，研究人类的历史也就是要研究"人类理性进化的整个历史"。既然理性是社会发展的基础和动力，那么具有高度理

① 《马克思恩格斯选集》第 3 卷 [M]，北京：人民出版社，1995 年，第 269 页。

性的人，对于社会的发展必然起决定的作用。在圣西门看来，"法国居民虽是一种物质力量，并且热烈地希望恢复秩序，但是他们只有依靠有天才的人，才能在社会关系方面得到改造"。由此可见，圣西门的历史观，从根本上来说，仍然同18世纪法国唯物主义者一样，是唯心主义的历史观。

（3）法国复辟时代的历史学家的历史观

法国复辟时代指的是1814—1830年波旁王朝复辟的时代，复辟时代历史学家的主要代表人物有基佐、米涅、梯叶里、梯也尔等。

首先，法国复辟时代的历史学家在历史的研究中看到了人民群众的历史作用，这是一个极为重大的思想成果。他们尖锐地批评了法国唯物主义者总是顽固地不承认人民群众有首创精神的错误。复辟时代的历史学家之所以对人民群众的作用有一定的认识，同他们接受了法国大革命的强烈影响有很大关系。梯叶里、基佐、米涅等人，虽然没有亲身参加到这个革命的洪流中去，但在他们从事理论活动的时候，惊天动地的法国大革命人们还"记忆犹新"，他们了解到了人民群众在大革命中表现出来的巨大作用。这种作用向历史学家表明，不能设想历史是某些伟大人物一手造成的，革命是人民群众的事情。基佐在《法国史论丛》中说：历史并非从英国国王查理、法国国王菲利普开始的，而是从人民开始的。因而历史著作的首要任务是描述人民的命运，而不是去描述个别显要人物，应该去阐述社会发展的倾向，而不是个别人物的生活。他们在历史观上的这个重大进步，是有重要意义的。当然，在复辟时代的历史学家的心目中，人民群众主要是指资产阶级。他们站在资产阶级的立场上，一方面强烈赞助资产阶级对世俗贵族及宗教贵族进行斗争，另一方面又反对无产阶级，赞助资产阶级打破新兴无产阶级要求的企图。这是阶级局限性在其历史观上的一个表现。

其次，法国复辟时代的历史学家，对阶级斗争在社会发展中的作用也予以重视，并试图探究阶级斗争的经济根源。如上所述，法国复辟时代的历史学家看到了人民群众的历史作用。那么，广大群众为什么要创造历史呢？换句话说，当群众从事创造历史的活动时他们抱着什么目的呢？梯叶里回答说：为了保障自己的利益。这里，复辟时代的历史学家看到了阶级斗争与经济利益的关系。梯叶里还认为，敌对阶级利益的斗争，不仅决定社会政治领域的历史进程，而且影响着人们的思想方面。他指出，17世纪英国人的宗教信仰决定于他们的社会地位，人们宗教信仰的不同是由经济利益的不同决定的。复辟时代历史学家的这个观点，离开18世纪法国唯物主义者的历史观更远了。18世纪的人们断言，"意见支配世界"，而在这里，意见甚至宗教，都受着阶级斗争的规定和制约。这显然是一个很大的进步。

第三，法国复辟时代的历史学家还看到了财产关系是一个国家的政治制度的基础。基佐认为，财产关系（所有制关系）是政治制度的基础，政治制度是由财产关系决定的。在西欧，封建制度的所有制关系，就是土地所有制关系。要研究西欧的历史，就要研究土地关系的历史。他认为，所有制关系决定人们的经济利益或阶级利益，又通过人们的经济利益或阶级利益决定社会的政治制度。这就是说，所有制关系是社会发展的最根本的原因。

可是，这种决定其他社会关系的财产关系或所有制关系又是由什么决定的呢？在这个极为重要的问题面前，复辟时代的历史学家无能为力了。他们不了解生产关系是财产关系的基础，财产关系是生产关系在法律上的表现，属于上层建筑范畴，应该用生产关系即经济基础来说明，而决定生产关系的则是生产力的发展水平。因此，他们不得不求援于"征服"，用"征服"来解释财产关系及其起源。他们认为，由于征服，一个民族占有了另一个民族的财产，一些居民占有了另一些居民的财产，这就形成了人们的财产关系。那么，一个民族为什么要征服另一个民族，一些居民为什么要征服另一些居民呢？他们回答说，是为了一定的"实际利益"，即为了掠夺别人的财产。结果还是在兜圈子：用征服来解释财产关系，又用财产关系去说明征服。这样，他们就陷于无法解决的矛盾之中。

复辟时代的历史学家还常常引入人的"天性"来解释财产关系和征服。他们认为人类天性中有一种征服欲、统治欲，这种天性便是产生征服的根源。但是，我们要问，人的天性在历史发展中是变化的还是不变的呢？如果它是不变的，它显然不能解释历史发展中的变化，如果它本身是变化的，就需要首先说明这种变化的原因。所以，用人的天性解释财产关系的起源，不仅仍然无法摆脱他们面临的困难，而且在兜了一个大圈子之后，又回到了 18 世纪法国唯物主义者那个"意见支配世界"的唯心史观的出发点。

总之，法国复辟时代历史学家的历史观，虽然从本质上说仍然是唯心主义的，但是同他们的前辈相比，却无疑是前进了一步。他们进行了一些新的探索，提出了一些很有价值的思想，有些观点接近了历史唯物主义，甚至包含着唯物史观的萌芽和因素。因此，他们所积累的这些理论材料，就成了马克思和恩格斯创立历史唯物主义的重要理论前提。

（4）德国唯心主义者黑格尔的历史观

德国唯心主义哲学集大成者黑格尔的哲学，是彻底的唯心主义的一元论。但是，黑格尔在历史哲学方面提出了许多合理的思想，甚至是精辟的见解，这对唯物史观的创立是有一定价值的。黑格尔在历史哲学中的首要贡献，就在于他运用辩证法的观点对待历史。他认为人类历史不是一成不变的，而是由低级向高级发展的，任何一个历史阶段都有其产生、发展和消灭的过程。

黑格尔认为，人类社会的发展是服从于一定的规律的，历史人物的表面动机和真实动机都不是历史事变的最终原因，在这些动机的后面，还有应当加以探究的动力。他认为历史发展的动力不在人性之中，而在人性之外。他力求揭示历史运动的有规律的过程，并且到某种不以人的意志为转移的力量中去寻找历史运动的原因。这些思想无疑是深刻的，是历史观方面的一个很大的进步。黑格尔的这些观点，无论在当时还是后来，都产生了很大的影响，但是，黑格尔不是在历史运动的内部寻找历史发展的动力，而是在"绝对观念"、"世界精神"中找到了这种动力，又把它"输入"到历史中去。黑格尔的"绝对观念"无非是人类思维过程的抽象。既然如此，他把"绝对观念"视为历史发展的最后动力，就无异于从历史运动的前门赶走了 18 世纪法国唯物主义所推崇的人的"理性"、"人的本性",而又从后门把它放了进来,所不同的只不过是给它换上了德国哲学的服装。所以恩格斯说:"黑格尔把历史观从形而上学中解放了出来,使它成为辩证的,可是他的历史观本质上是唯心主义的。"①

4. 马克思、恩格斯如何创立历史唯物主义

从 18 世纪法国唯物主义者到黑格尔,他们都想发现历史发展的根本原因,也都在这方面提出过一些有价值的思想,但最后却把历史的动因归于"公共意见"、"人的本性"、"征服"、"绝对观念"之类的精神因素或政治因素,因而不可能科学地解释社会制度的起源,找不到历史发展的根本原因,也就无法走出历史唯心主义的迷宫。马克思和恩格斯对这些思想家的历史观进行了批判的研究,吸取了他们的积极成果,抛弃了他们的唯心主义、形而上学的糟粕,接受了他们失足的教训,运用一种与他们根本不同的方法,创立了一种崭新的历史观——唯物主义历史观。具体说来,马克思和恩格斯创立唯物主义历史观,主要解决

① 《马克思恩格斯选集》第 3 卷 [M],北京:人民出版社,1995年,第 423 页。

了以下几个相互联系的问题。

第一，认为物质资料的生产活动是人类社会存在和发展的基础，物质资料的生产方式制约着整个社会生活、政治生活和精神生活的过程。

马克思和恩格斯说："我们首先应当确定一切人类生存的第一个前提也就是一切历史的第一个前提，这个前提就是：人们为了能够'创造历史'，必须能够生活。但是为了生活，首先就需要衣、食、住以及其他东西。因此第一个历史活动就是生产满足这些需要的资料，即生产物质生活本身。同时这也是人们仅仅为了能够生活就必须每日每时都要进行的（现在也和几千年前一样）一种历史活动，即一切历史的基本条件。……因此任何历史观的第一件事情就是必须注意上述基本事实的全部意义和全部范围，并给予应有的重视。"①

这既是马克思和恩格斯所创立的历史唯物主义的基本观点，也是他们创立历史唯物主义过程中所使用的基本方法。这个在今天看来非常简单的观点和方法，却体现了历史唯物主义和以前的历史观的根本区别，包括了马克思和恩格斯的历史观的全部本质。

---

① 《马克思恩格斯选集》第 1 卷 ［M］，北京：人民出版社，1995年，第 32 页。

第二，把社会经济结构确定为社会的经济基础，它决定政治法律制度和社会意识形态等上层建筑。

人们为了生产，就不仅要同自然界发生关系，而且彼此之间也必须结成一定的生产关系，即社会经济结构。这种社会经济结构就构成社会的经济基础，在这个社会经济基础之上，又耸立着由政治法律制度和社会意识形态构成的全部上层建筑。恩格斯在回顾他和马克思创立历史唯物主义的过程时，深刻地论述了确定经济基础决定上层建筑的原理对于创立历史唯物主义的重大作用。他说："我在曼彻斯特时异常清晰地观察到，迄今为止在历史著作中根本不起作用或者只起极小作用的经济事实，至少在现代世界中是一个决定性的历史力量，这些经济事实形成了现代阶级对立所产生的基础，这些阶级对立，在它们因大工业而得到充分发展的国家里，因而特别是在英国，又是政党形成的基础，党派斗争的基础，因而也是全部政治历史的基础。马克思不仅得出同样的看法，并且在《德法年鉴》（1844年）里已经把这些看法概括成如下的意思：决不是国家制约和决定市民社会，而是市民社会制约和决定国家，因而应该从经济关系及其发展中来解释政治及其历史，而不是相反。当我1844年夏天在巴黎拜访马克思时，我们在一切理论领域中都显出意见完全一致，从此就开始了我们共同的工作。当我们 1845 年春天在布鲁塞尔再次会见时，马克思已经从上述基本原理出发大致完成了唯物主义历史理论的工作，于是我们就着手在各个极为不同的方面详细制定这些新观点了。"①

第三，要把历史唯物主义坚持到底，不仅要确立生产关系即经济基础决定上层建筑的观点，还要进一步回答生产关系是由什么决定的，否则仍然可能最后陷入历史唯心主义。

在讲历史唯物主义创立的理论前提时，我们看到，在马克思以前，19 世纪的空想社会主义者，法国复辟时代的历史学家，以及黑格尔，都在某种程度上接近甚至达到了财产关系决定政治制度的观点。但是，由于他们不懂得把财产关系归结为生产力的发展水平，而是把它归结为"征服"、"人的天性"、"绝对精神"等，于是最终陷入了历史唯心论。马克思在解释生产关系的起源时，既不把它归结为"征服"、"人的天性"，也不把它归结为"绝对精神"，而是把它归结为生产力的高度。把物质生产力作为社会发展的最后决定力量，就为历史唯物主义体系提供了最坚固的基石。

---

① 《马克思恩格斯选集》第 4 卷 [M]，北京：人民出版社，1995年，第 192 页。

第四，揭示了社会发展的内在动力和客观规律。

由于生产力的发展引起生产关系的变化，生产关系就由生产力发展的形式变成生产力发展的桎梏，这时社会革命的时代就到来了。社会革命就是要改变生产关系，即经济基础，而随着经济基础的变革，全部庞大的上层建筑也或快或慢地要发生变革，于是社会就由一个较低的社会形态发展成较高的社会形态，马克思、恩格斯解决了这几个相互联系的问题，说明人类历史是发展变化的，而发展变化的最终原因是物质力量，即物质生产力，创立了历史唯物主义，建立了历史唯物主义的科学体系。

（二）历史唯物主义的萌芽与初步发展

从《1844年经济学哲学手稿》到《神圣家族》，由异化劳动理论向唯物史观过渡，历史唯物主义从萌芽到得到初步发展。

《1844年经济学哲学手稿》写于1844年4月至6月。在此，马克思的研究从对宗教、国家和法的批判转到了对社会物质生活关系的批判，提出了异化劳动理论，并在这一理论基础上阐发自己的哲学、政治经济学和共产主义思想。异化劳动理论在唯物史观的形成过程中起着基础性的作用。异化劳动是《1844 年经济学哲学手稿》的核心概念，是当时马克思思想的理论基础，马克思从该理论出发，分析了社会历史发展中的理论和实际问题，取得了对历史唯物主义形成的重要成果。在《1844 年经济学哲学手稿》里面，通过对萨伊、斯密等资本主义经济学家的批判，进一步深化了对异化劳动的认识。首先，工人同自己劳动产品的异化。马克思说："工人生产的财富越多，他的产品的力量和数量越大，他就越贫穷。工人创造的商品越多，他就越变成廉价的商品。物的世界的增值同人的世界的贬值成正比。"[1] 马克思抽象出了工人同他自己劳动产品之间的异化关系。本来工人应当成为自己劳动产品的主人，但异化劳动却使工人变成了自己劳动产品的奴隶，受到自己劳动产品的控制。其次，工人同他的劳动活动的异化。马克思说："他在自己的劳动中不是肯定自己，而是否定自己，不是感到幸福，而是感到不幸，不是自由地发挥自己的体力和智力，而是使自己的肉体受折磨，精神遭受摧

---

[1] 马克思：《1844 年经济学哲学手稿》[M]，北京：人民出版社，2000 年，第 51 页。

残。"① 马克思认为人的解放只有在共产主义社会下才能完成，但工业为其作了准备。工业生产当然不能完全等同于生产力，马克思此时还没有生产力的概念，但是他看到了他那个时代最高的生产力——工业生产，并且把工业生产同社会的发展联系了起来，这已为他发现生产力是人类社会发展的决定力量提供了广阔的理论空间，表明马克思在创立唯物史观的正确道路上大踏步地前进。再次，在对异化劳动的研究中，马克思触及了生产关系。马克思在对异化劳动理论的分析中形成着自己的唯物史观。因此，可以把《1844年经济学哲学手稿》看作是历史唯物主义的发源地。

生产力是唯物史观中最基本、最关键的哲学范畴之一。因此，《评李斯特》是离历史唯物主义最近的著作。马克思提出了生产力是人类发展的承担者。他写道："工业用符咒招引出来（唤起）的自然力量和社会力量对工业的关系，同无产阶级对工业的关系完全一样。"② 这里的"工业符咒招引出来的自然力量和社会力量"指的就是生产力。把生产力贯穿于整段

---

① 马克思：《1844年经济学哲学手稿》[M]，北京：人民出版社，2000年，第54页。

② 《马克思恩格斯全集》第42卷[M]，北京：人民出版社，1995年，第258页。

话中，不难看出马克思想要表达的是：生产力是人类发展的承担者，是人类的核心。尽管这里他没有明确使用生产力，而是用自然力量和社会力量来代替，但是，马克思在这里说的就是生产力。在这篇著作中，马克思虽然没看到生产关系对生产力的促进作用，但看到生产关系对生产力的阻碍作用，并且抓住了最关键的一面，即生产力和生产关系的矛盾推动了社会的发展。因此，生产力和生产关系之间的关系问题也是离历史唯物主义最近的地方。

《神圣家族》发表于 1845 年年初，是一部以批判鲍威尔为首的青年黑格尔派的论战性著作，是由异化劳动理论到唯物史观的过渡。《黑格尔法哲学批判》是马克思同黑格尔哲学决裂的开端，《神圣家族》则是马克思对青年黑格尔派哲学的总清算。马克思和恩格斯在同青年黑格尔派的论战中指出，物质生产是历史的发源地，只有在物质生产方式中才能了解和把握历史。在《神圣家族》中，他们所强调的不再是市民社会同政治国家的分离、对立，而是强调市民社会中的资产阶级利益同国家一致。马克思、恩格斯指出，现代国家的基础是资产阶级的生活条件，而国家作为资产阶级的"特殊利益的政治上的确认"，不过是资产阶级"排他性的权力的官方表现"。① 在这里，马克思已经触及国家的阶级本质，表明了马克思、恩格斯正在向经济基础与上层建筑相互关系的历史唯物主义原理接近。鲍威尔们把世界的发展归结于自我意识和"实体"之间的对立，在历史观上表现为精神和群众的对立，在他们看来，群众是消极的、空虚的、非历史的因素。针对上述观点，马克思进而指出物质生产才是历史的发源地，论述了人民群众在历史发展中的作用。马克思、恩格斯批判了鲍威尔等人的唯心史观，深刻地分析了阶级斗争、社会革命同物质利益的关系，并开始接近于用历史唯物主义的观点来看待物质利益问题。

（三）历史唯物主义的确立与不断深化

《关于费尔巴哈的提纲》和《德意志意识形态》的发表，标志着马克思主义唯物史观的形成。马克思于 1845 年春在布鲁塞尔写成批判费尔巴哈的 11 条提

---

① 《马克思恩格斯全集》第 2 卷 [M]，北京：人民出版社，1995年，第 158 页。

纲，论述的中心是实践问题。马克思在批判费尔巴哈和一切旧唯物主义的基础上概述了自己的新的世界观。第一，批判了旧唯物主义的理论出发点，确立了完备的实践观。旧唯物主义从经验直观出发，把人归结为单纯受动性的生物，把自然、对象理解为单纯外在的、感官直观的对象。在这里，马克思扬弃了《1844年经济学哲学手稿》中把实践归结为人的自由自觉的类本质思想，克服了由于过于强调劳动的能动意义而导致的对人的抽象理解，反复强调指出实践是"人的感性活动"，是能动性与受动性、主观与客观的统一。从这种理解出发，人既非唯心主义所理解的单纯能动性存在，也非旧唯物主义所理解的单纯受动性存在。自然既非唯心主义所理解的单纯受动的对象，也非旧唯物主义所理解的单纯自在的存在。人既受自然必然性支配，同时又以能动的感性活动改造环境，实现人与环境的辩证统一。从而确立了完备的实践观，为新唯物主义找到了合理的理论出发点。第二，根据对实践的这种理解，马克思进而批判了旧唯物主义的直观反映论，把实践观点引入认识论，把认识论建立在实践观点之上，确立了能动反映论的基本思想，指出实践是检验真理的唯一标准。第三，马克思立足于实践观点批判了费尔巴哈的宗教观，指出了他的抽象人性论以及由此导致的抽象宗教观。第四，马克思最后要求我们要立足于社会实践来理解人类历史，并强调指出，社会生活在本质上是实践的。总之，《提纲》第一次建立起完备的实践概念，初步完成了对唯心主义和旧唯物主义的批判与综合，在哲学本体论、认识论和方法论上确立了牢固的实践观点，从而为马克思在《德意志意识形态》中进一步把实践观点贯彻于历史观，创立历史唯物主义作了理论上的准备。

1845—1846 年，马克思与恩格斯再次合作，共同写成了《德意志意识形态》，将历史唯物主义这一新发现公之于世，它的问世，不仅标志着马克思主义哲学进入了一个新的时期，也标志着人类的认识水平达到了一个新的高度。在《德意志意识形态》中，马克思和恩格斯对生产力和生产关系、社会存在和社会意识、经济基础和上层建筑等历史唯物主义的基本原理进行了论述。第一，马克思指出，意识从它产生的那一刻起就受到物质的纠缠。首先是语言，而语言和意识"一开始就是社会的产物，而且只要人们存在着，它就仍然是这种产物"。[1] 可见，意识是社会性的存在，它的存在也只能是"被意识到了的存在，而

---

① 《马克思恩格斯选集》第 1 卷 [M]，北京：人民出版社，1995年，第 81 页。

人们的存在就是他们的实际生活过程"。① "不是意识决定生活，而是生活决定意识"。② 这就鲜明地提出了社会存在决定社会意识这一历史唯物主义的第一原理。依据这一原理，马克思又进一步地指出，统治阶级的思想也不外是统治阶级的社会存在的体现，而意识（形态）则具有鲜明的阶级性。第二，在马克思看来，生产力是人们借以改造自然界的人力、物力和自然力的总和，是人们实践能力的结果，它既是一种社会性的存在，又制约着社会的整个状况。但从归根结底的意义上，生产力是整个人类社会历史和个人能力发展的基础。第三，马克思往往用交往形式、交往关系等概念来表示生产关系，指出其所表征的是经由生产过程而建立起来的社会关系。生产关系不仅与产生它的生产力紧密相连，也与政治的、法律的、艺术的等社会关系有着千丝万缕的联系。"在这里，生产力与生产关系二者互相结合，构成社会的生产方式。而生产关系作为人们的社会的物质关系同人们的政治关系、法律关系和思想关系相连结，则构成社会形

---

① 《马克思恩格斯选集》第 1 卷 ［M］，北京：人民出版社，1995年，第 72 页。

② 《马克思恩格斯选集》第 1 卷 ［M］，北京：人民出版社，1995年，第 73 页。

态。"① 这样，生产力、生产关系、生产方式、上层建筑等历史唯物主义的基本概念已初步形成。第四，马克思指出，由于分工，"生产力、社会状况和意识，彼此之间可能而且一定发生矛盾"。② 这一根基与生产方式的矛盾构成了"历史的冲突"及人类历史的发展变化。这样马克思就厘清了人类历史演进到资本主义时代的基本动力机制，这是历史观上的伟大变革。

马克思、恩格斯不久后发表的《哲学的贫困》和《共产党宣言》是对历史唯物主义的进一步深化。马克思说："我们见解中有决定意义的论点，在我的1847年出版的为反对蒲鲁东而写的著作《哲学的贫困》中第一次作了科学的、虽然只是论战性的概述。"③ 恩格斯也说过："我们这一世界观，首先在马克思的《哲学的贫困》和《共产党宣言》中问世。"④ 法国小资产阶级社会主义和无政府主义的主要代表蒲鲁东，在1846年年底出版的《贫困的哲学》一书中，

---

① 张传开.《马克思主义哲学范畴在当代的发展》[M]，合肥：安徽人民出版社，2006年，第69页。

② 《马克思恩格斯选集》第1卷 [M]，北京：人民出版社，1995年，第83页。

③ 《马克思恩格斯全集》第2卷 [M]，北京：人民出版社，1995年，第34页。

④ 《马克思恩格斯全集》第3卷 [M]，北京：人民出版社，1995年，第347页。

公开反对科学社会主义，反对任何政权和阶级斗争。他从资产阶级政治经济学那里搬来经济范畴，从黑格尔哲学那里搬来唯心主义的方法，提出了具有小市民幻想色彩的资本主义改良方案，在当时工人中产生了极其恶劣的影响。为了消除它的消极影响，为科学社会主义的传播清扫障碍，马克思于 1847 年 1 月写了《致巴·瓦·安年科夫的信》，对蒲鲁东的观点进行了简要批判，接着又于同年 6 月，写作并出版发行了《哲学的贫困：答蒲鲁东先生的〈贫困的哲学〉》一书，着重批判了蒲鲁东主义，进一步阐发了唯物史观的基本原理。马克思指出："一切存在物，一切生活在地上和水中的东西，只是由于某种运动才得以存在、生活。例如，历史的运动创造了社会关系，工业的运动给我们提供了工业产品，等等。"① 马克思认为，一切事物的矛盾运动是客观的、本身所固有的，概念的辩证法是客观事物辩证法的反映。马克思还指出，生产力不仅包括生产工具，而且还包括革命阶级，从而有力地驳斥了"社会天才"创造历史的英雄史观，充分肯定了作为历史主体的革命阶级在创造历史中的伟大作用。在生产力与生产关系的关系方面，

---

① 《马克思恩格斯全集》第 1 卷 [M]，北京：人民出版社，1995年，第 139 页。

马克思对生产关系范畴作了规范化的使用，由社会关系形成的统一整体是在一定的生产力基础上产生、变化和发展的。"随着新生产力的获得，人们改变自己的生产方式，随着生产方式即谋生的方式的改变，人们也就会改变自己的一切社会关系。手推磨产生的是封建社会，蒸汽磨产生的是工业资本家的社会。"① "人们按照自己的物质生产率建立相应的社会关系，正是这些人又按照自己的社会关系创造了相应的原理、观念和范畴。"② 马克思指出，原理、观念和范畴是历史的相应产物，并不是永恒的。马克思认为生产力和生产关系的矛盾是社会发展的根本动力，在阶级社会中会演变为阶级的对抗和斗争，否定了蒲鲁东否定一切政治斗争和革命行动的错误观点和理论。《哲学的贫困》是对《德意志意识形态》所阐述的有关历史唯物主义的基本原理的丰富和发展。

1847 年 2 月，马克思、恩格斯受"共产主义者同盟"的委托撰写出版了《共产党宣言》。《共产党宣言》论证了人类社会的历史发展是生产力决定生产关系、经济基础决定上层建筑的历史唯物主义的思想。

---

① 《马克思恩格斯全集》第 1 卷 [M]，北京：人民出版社，1995 年，第 162 页。

② 《马克思恩格斯全集》第 1 卷 [M]，北京：人民出版社，1995 年，第 142 页。

《共产党宣言》首先指出，自从原始社会解体以来，人类社会的历史全部都是阶级斗争的历史，即统治阶级与被统治阶级、剥削阶级与被剥削阶级之间斗争的历史。马克思、恩格斯把阶级斗争的根源归结于生产力与生产关系之间的矛盾。封建主义的生产方式决定了封建主阶级同受压迫阶级的对立和斗争，资本主义的生产方式并没有消除阶级对立和斗争，资本主义的生产方式既产生了资产阶级，也产生了与其对立的无产阶级，资本主义生产方式的发展，使其社会的阶级结构和阶级对立简单化了。《共产党宣言》深刻分析了资本主义时代的生产方式是如何决定其时代的政治的、精神的历史发展的。在封建社会，资产阶级是被压迫的阶级，经济上处于受支配的地位。随着工场手工业对行会工业的取代，它就成为与封建主阶级相抗衡的力量，后来随着机器大工业的发展与壮大，它就在国家里夺得了政治统治。"现代的国家政权不过是管理整个资产阶级的共同事务的委员会罢了。"① 这就揭示了经济上占统治地位的资产阶级在政治上也必然占统治地位，指明了其政权的阶级实质。《共产党宣言》还阐述了政治的发展归根结底是由经济发展决

① 《马克思恩格斯全集》第 1 卷 [M]，北京：人民出版社，1995年，第 274 页。

定的，揭示了经济基础对上层建筑的决定作用。

　　《共产党宣言》是国际共产主义运动的纲领性文献，是马克思主义新世界观的运用和发展，它用新世界观深刻分析了历史和现实问题，体现了马克思主义哲学的理论与实践的高度统一。《共产党宣言》的问世，是马克思主义哲学同工人运动相结合的产物，是工人阶级解放斗争的指南，标志着马克思主义哲学的产生，是哲学上的伟大革命。

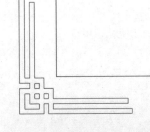

三、历史唯物主义的主要观点

（一）社会生活在本质上是实践的

长期以来各种历史哲学派别就如何理解社会的本质问题展开了激烈的争论，力求把握社会的本质。但是，在马克思主义哲学产生之前，尽管它们各自进行了不同的探讨和解释，却始终未能真正地理解和把握它。只有在马克思主义哲学产生后，人们才真正地理解和把握了社会的本质。

神学历史观把人类社会神化了。它认为，社会本质上是"神定的一种秩序"，"上帝"是主宰国家兴亡、民族盛衰的最高力量。唯心主义历史观把人类社会精神化了。它认为，社会本质上是人的意志、意识活动或心理活动的产物，或者说是"绝对理性在时间中的展开"。自然主义历史观却把人类社会自然化了。它认为，社会的本质是由社会所处的地理环境决定的。这无疑是在夸大环境、自然条件对社会存在和发展的作用，从而陷入了环境决定论；或者认为社会的本质是由人的自然属性即生物本能决定的，混淆了人与动物的本质区别。

神学历史观、唯心主义历史观、自然主义历史观在对社会本质的理解上，要么求助于上帝，要么侧重于精神，或把自然与社会等同起来看待。因此，它们不可能真正全面科学地把握社会的本质。

马克思主义哲学在对人类社会存在和发展过程的研究中，也看到了地理环境和人口因素的作用，但认为它们只是物质条件，虽有一定影响和制约作用，却并不是决定力量。而实践是人所特有的对象性活动，是人类的存在方式。实践既使人从动物分化出来并成为人的基础，又使社会从自然分化出来并成为社会的基础。因此，对于社会的本质，必须从实践入手并以实践为基础才能得到正确的理解。

1. 实践是以改造物质世界为目的的对象化活动

旧哲学对"实践"范畴的认识与理解大致可以归纳为以下四种观点：

一是把实践看作是一种道德行为和政治活动。古希腊的哲学家们所讨论的实践，大多数就属于此类范畴。亚里士多德在其《伦理学》和《政治学》等著作中，广泛、深入地探讨了属于实践活动的政治活动和道德行为，并阐述了实践和目的之间的关系。中国古代许多思想家也把道德践履作为基本的实践活动。荀子强调"知之不若行之"，明确肯定具有实践意义的"行"的重要性。王夫之认为"力行而后真知"，进一步强调要在"力行"（实践）中获得真理。但他们所理解的实践（"行"）大都属于个人修养的道德性活动。

二是把实践理解为一种实验、科学实践。如英国的弗·培根和法国的狄德罗都十分重视科学实验的作用，认为自然本质和知识不能由感官直接观察得来，而要通过人们作用于自然事物的实验活动取得。但他们显然都没有能够真正了解实践的科学本义，把实践的丰富内涵局限于"实验"这一狭小范围之内。

三是把实践看作一种精神活动。如中国古代的王阳明提出了"知行合一"说，认为"一念发动处，便即是行了"。在这里他抹杀了知与行的区别，把知与行混为一谈，把实践归结为内心的意念活动。在欧洲哲学史上，唯心主义哲学大师黑格尔提出了"实践理念"的概念，强调"实践的理念比认识的理念更高，因为它不仅具有普遍性的资格，而且具有绝对现实的资格"。[①] 但从总体上看，他是把实践看作绝对精神发展的一个环节，并不理解现实的、感性的物质活动本身。

四是把实践看作是人的现实感性活动。中国古代哲学家墨子就特别强调实际存在的事物和人的"耳目之实"，把对外物的直接感觉看作是认识的来源和根据。德国哲学家费尔巴哈明确提出了实践的作用，认识到"理论所不能解决的那些疑难，实践会给你解决"[②]，但他根本不懂得实践是改造客观世界的社会性活动，而是把实践理解为与理论、思维、书本、学问、表象等相对立的生活、行为、现实、事实感性活动，有时甚至专指卑污的犹太人的利己主义活动。总的说来，马克思主义以前的哲学家们对实践一方面曾作了种种富有启迪的探讨，另一方面由于历史的局限

① 黑格尔：《逻辑学》下卷 [M]，北京：商务印书馆，1976年，第523页。

② 《费尔巴哈哲学著作选集》上卷 [M]，北京：商务印书馆，1984年，第248页。

性和社会的特殊性、复杂性，他们并没有把握实践的本质，未能对实践作出科学规定。

马克思主义哲学批判了旧哲学的实践观点，在哲学史上第一次建立了科学的实践观。在它看来，必须从主体与客体、主观与客观的对立统一中去把握实践。实践既是主体与客体、主观与客观对立的基础，又是对立双方联系的桥梁，是主观见之于客观的物质过程。所谓实践，就是人们为满足一定的需要而进行的能动地改造和探索物质世界的对象化活动。

实践活动有三个基本特点：客观现实性、自觉能动性和社会历史性。

第一，实践是客观的物质性活动，具有客观现实性。其客观性在于：（1）实践对象、手段以及作为实践主体的人都是可感知的客观实在；（2）实践的水平、广度、深度和过程，都受客观条件的制约和客观规律的支配；（3）实践的结果也是存在于人的意识之外的客观实在。

第二，实践是有意识的活动，具有自觉能动性。一方面，它是人们为了满足自己的需要而进行有目的的自觉的活动。这种自觉活动是人区别于动物的本能活动的标志。动物的活动虽然也具有感性的客观性，但它仅仅是一种没有思想指导的本能活动，因而只能消极地适应外部环境而不能按照目的去改变环境。人是有思想、有理性的社会性动物，人的活动目的就是要使客观世界按照人的意志和要求得到改造，而人也将在改造世界的活动中认识并利用客观规律，从而使客观事物按人的方式同人发生关系。另一方面，人在改造世界的同时也改造着自己的主观世界，改造着主观与客观的联系，不断推动着认识的发展。正是这种自觉的能动性，使人类的实践同动物的本能活动区别开来。

第三，实践是不断发展的社会的实践，具有社会历史性。实践一开始就是社会的实践，而且是历史地发展着的实践。作为实践主体的人不是抽象的孤立的人，而是处于一定社会关系中的人。人的实践总是在一定的社会关系中活动，并受着一定的社会历史条件的制约。正如马克思所说："甚至当我从事科学之类的活动，即从事一种只是在很少情况下才能同别人直接交往的活动的时候，我也是社会的。因为我是作为人活动的。不仅我的活动所需的材料，甚至思想家用来进行活动的语言本身，都是作为社会的产品给予我的，而且我本身的存在就是社会的活动。"① 同时，社会实践决不会停在一个水平上，而是不断发展变化

---

① 《马克思恩格斯全集》第 42 卷 [M]，北京：人民出版社，1995 年，第 122 页。

的，因而也就决定了实践是一个由低级到高级、由简单到复杂的社会历史发展过程。

实践由实践主体、实践客体和实践手段三大要素构成。

实践主体是指处于一定社会关系之中的具有实践能力的人。从层次上划分，实践主体可分为个体主体、群体主体和社会主体。实践主体是实践构成要素中唯一能动的要素。它是实践活动的发动者，实践活动过程的承担者，也是实践结果的享用者。人们对物质世界的实践把握总是离不开实践主体的需要、利益和价值的驱动，这是人类社会活动的动因，是指导人和社会群体行动的统一刺激系统。

实践客体是借社会主体所要探索和改造的对象。它主要包括自然客体、社会客体和人类客体。自然客体按照它与人关系的程度又可分为自在客体和人化客体。社会客体则包括宏观社会客体和微观社会客体。人既是实践的主体，又是实践的客体，当人类或其个体和群体自身成为人们认识和改造的对象时，人就成为实践客体。

实践手段是实践主体在探索和改造现实世界活动中所使用的工具，包括物质型工具和智能型工具两大类。物质型工具又包括自然物质工具、机械物质工具，如能源工具、动力工具、加工工具、贮运工具等。智能型工具也可进一步划分为：人类智能认识工具，如探测工具、工艺操作工具；人工智能信息工具，如电子计算机、机器人等；思维方法工具，如逻辑工具等。

实践主体、客体和手段综合作用而形成现实的实践活动。换句话说，实践就是由实践主体运用实践手段作用于实践客体而形成的主观见之于客观的能动活动。

实践的形式多种多样，而且随着社会的发展，实践的形式将更加多样化。但概括起来，实践主要有以下三种基本形式。

第一，生产实践。生产实践是处理人同自然的关系的活动，它是人类社会赖于生存和发展的基础。人只有首先通过生产实践解决维持自己生存和发展的物质生活资料问题，才可能从事政治、科学、艺术等其他实践活动。其他种种实践活动都是在生产实践发展的基础上所引起的社会分工的结果。因此，生产实践是人类最基本的实践活动，是决定其他一切活动产生和发展的前提。

第二，处理社会关系的实践。这是处理社会内部人与人之间关系的活动。生产实践离不开一定的社会关系，总是在一定的社会关系中发展的。为了发展生产，人们必须维护和发展那些有利于发展生产的社会关系，调整、改造或根本变革那些不利于生产发展的社会关系。在社会历史中，这种活动是经常进行的，因而也是人类的一项基本的实践活动。处理社会关系的实践主要表现为阶级斗争、社会革命、社会改革。先进生产关系取代落后生产关系，我国社会正在进行的经济体制和政治体制改革都属于这类实践活动。无论在何种形态的社会里，处理社会关系的实践都是人类认识的重要来源，给人的认识发展以深刻影响。

第三，科学实验。科学实验是生产实践发展到一定水平之后分化出来的，以认识世界为直接目的的探索性、尝试性和学习性的实践活动。科学实验是运用实践手段，把认识对象放在理想的环境中，暂时撇开它的复杂联系，排除各种偶然因素的干扰，以便得出准确的科学知识。其直接目的不是改造世界，而是为成功地改造世界提供必要的知识。科学实验既为生产实践和处理社会关系的实践服务，又受生产实践和处理社会关系的实践制约。社会实践的发展，要求人们对事物的本质和规律的认识程度越来越高，科学实验的作用随之也就越来越大。在现代社会，离开科学实验，科学技术和生产力就不可能迅速发展。

实践的形式是多种多样的，除上述基本形式外，其他如教育活动、创作活动、艺术活动、管理活动等，都是实践活动。这些不同的实践形式紧密联系，互相促进，共同构成人类实践活动的完整系统，推动着人类社会和人类认识的发展。

2. 实践是人类的存在方式

马克思主义认为，人是以实践为本质的存在。实践在人类生存和发展过程中占有不可替代的地位和作用，是人的存在方式。具体表现为：

第一，实践是人安身立命的根本。物质生产实践（劳动）不仅创造了人，而且不断地创造出人类生存和发展的物质条件，是一切历史的第一个前提。人类的第一个历史活动就是生产满足衣、食、住、行等生活需要的物质资料，即"生产物质生活本身"，而且"人们单是为了能够生活就必须每日每时去完成它，现在和几千年前都是这样"。[①] 离开了物质生产，人类就不能生存，当然也就不可能有人类的其他活动。人类正是在不间断的物质生产实践过程中维持其生存和发展的。

第二，实践使人成为有意识的类存在物。人的生命活动是有意识的生命活动，人的类特性恰恰就是自由的有意识的活动，"有意识"是人区别于动物的重

① 《马克思恩格斯选集》第 1 卷 [M]，北京：人民出版社，1995年，第 79 页。

要特征。而人的意识是在实践中生成、实现和构成的，正是在劳动实践中人的肉体组织才发展出了意识和语言，也正是劳动实践使人的意识和语言不断完善。正如马克思所说："通过实践创造对象世界，即改造无机界，证明了人是有意识的类存在物。"①

第三，实践使人成为社会存在物。人的本质在其现实性上是一切社会关系的总和，而现实的社会关系都是在人的实践活动中形成和发展的，生产实践不仅为人们生产出生存所必需的物质产品，而且也生产着人与人之间的社会关系。首先是在劳动过程中结成的人与人之间的生产关系，如生产资料的占有和使用关系，劳动分工与协作关系以及劳动产品的交换、分配与消费关系，并由此产生出人们之间的政治关系和思想关系。所有这些社会关系反过来又规定和制约着人的本质。因此可以说，人作为社会性的存在物，只有在实践活动中才能生成和存在。离开社会实践，也就失去了人之为人的社会规定性。

第四，实践改变着人本身。人在按自己的目的和需要改变客观世界的同时，也在不断实现着对自身的发展和完善。主要表现是：人在实践过程中锻炼、提

① 《马克思恩格斯全集》第 42 卷 [M]，北京：人民出版社，1995 年，第 96 页。

高思维能力，促进思维方式的转变；实践的发展改变着人的需要结构和生活方式；人通过实践认识自然，从而使人的力量不断强化，最终达到自身的自由和解放。换言之，人的不断发展和完善只能在实践过程中实现。

实践是社会关系的发源地。在人类历史上，最先出现的实践是物质生产实践。人以自身的活动实现与自然之间的物质变换，解决自己的物质生活资料问题，使人与自然联系起来。在生产实践中，人们必须以一定的方式结合起来，互换劳动及产品，这样，人和人之间必然发生一定的联系，人与自然的关系和人与人的关系相互制约，共生于物质生产实践中。人在实践中产生了意识，又在意识的指导下实践。可见，人与其意识的关系也产生于实践活动。人与自然的关系、人与人的关系、人与其意识的关系构成了最基本的社会关系。即物质的社会关系和思想的社会关系，这些关系共生于实践之中，其他一切关系都根源于此。所以说，实践是社会关系的发源地。

实践构成了社会的基本领域。实践是人类的存在方式，人们通过生产实践，获取自身生存所需的物质资料，满足物质生活需求；通过处理社会关系实践，力求建立一个协调的人际关系，维护社会的稳定和发展，处理好人们的政治生活问题；科学实验和文化创造实践属于人们的精神生活领域，通过这种实践为社会创造出更多更好的精神产品。社会的物质生活、政治生活及精神生活这三大基本生活领域就是由不同的实践构成，在此基础上形成了社会的基本结构，即社会的经济结构、政治结构和观念结构。

实践构成了社会发展的动力。人类社会是一个不断运动、变化、发展着的活的有机体。推动社会发展的动力是一个包括经济、政治、精神等多方面因素的综合系统。人是社会的主体，社会变化离不开人的活动，所以推动社会发展的动力系统不可能超越人的实践活动。在生产实践和处理社会关系的实践中产生了生产力与生产关系，二者的矛盾运动，推动了社会的发展，构成了社会发展的根本动力。科学实验和文化创造实践从精神方面对社会的发展起到促进作用，科学技术则是推动社会文明进步的巨大杠杆。

正是人的社会实践，产生了各种社会关系，构成了社会生活的基本领域，推动了社会的不断运动、变化和发展，因此说，实践是人类社会的本质。实践的观点是马克思主义哲学研究人类社会历史的最基本的观点。

在人的实践活动中，最基本的是物质生产实践。物质生产实践的具体化就是物质资料生产方式。生产方式是人类社会赖以存在的基础，是构成社会的深层结构，它决定着政治结构、观念结构以至整个社会结构及其性质，从而形成了以生产方式为基础的社会有机体。

社会有机体是囊括全部社会生活及其关系的总体性范畴，它指出人类社会是以生产方式为基础的各种社会因素相互制约、有机联系所构成的整体。正如马克思所说："社会不是由个人构成，而是表示这些个人彼此发生的那些联系和关系的总和。"[1] 其中包括经济关系、政治关系、思想关系、血缘关系、伦理关系等，它们按照特定的方式组合起来，彼此形成一种固定的关系，表现出一定的秩序，使社会成为一个具有内在统一性的整体。社会有机体思想在马克思主义哲学中占有重要地位。它为我们全面理解社会的结构、发展源泉、生长机制以及运动规律提供了科学的方法论。

社会有机体与生物有机体既具有"相类似的现象"，又具有本质的区别。与生物有机体相比，社会有机体具有三个基本特征：

社会有机体不同于生物有机体，它不是形成于物种规定的本能活动，而是形成于人的实践，尤其是物

---

① 《马克思恩格斯全集》第 46 卷［M］，北京：人民出版社，1995 年，第 220 页。

质生产实践之中。与动物的活动不同，人的生产实践是使用工具的活动。工具不仅执行着人的身体器官的功能，同时，它又是由自然物质材料组成的，属于人的身外器官。这种身外器官具有超个体性的特征。由于它不是生长在人身上的生理器官，不会随着人自身的消亡而消亡，因而它能够不断地被复制，能够在不同个体之间转换。工具的复制和转换，也就是人的能力和力量在不同人之间的转换，因此工具成了个人之间相互联系和交换活动的中介。这样，个人的活动不再局限于个人的自身器官功能的发挥，而是在使用一种社会的器官和能力，实际上是在使用社会的能力。正是使用工具的生产实践把诸多个体紧紧地联合成为一个有机的社会整体。

社会有机体是一种具有自我意识的有机体。任何有机体都具有自我组织、自我调节的功能，一个系统的有机性程度取决于它的自我组织、自我调节的程度。人类社会是一个有机性程度极高的机体，它的自我组织、自我调节过程在一定程度上是被自身意识到的，是以某种自觉的形式进行的。社会意识形式就是社会对自身自觉意识的形式。社会交往关系的制度化、规范化，是社会主体自觉建立起来的，用以指导、约束和协调自己的交往活动，使社会作为一个整体而存在和运行，这是社会系统自我组织、自我调节过程的自觉性的集中体现。

社会有机体再生和更新的内在机制是物质生产、精神生产和人口生产的统一。社会有机体存在与发展的前提和基础就是不断地进行社会生产，创造出各种丰富的社会财富。整个社会生产是由物质生产、人口生产和精神生产组成的整体系统。物质生产是实现人与自然之间的物质交换，为社会提供丰富的物质资料的生产；人口生产是人类自身的生产，它通过人的自身生命和他人生命的生产来维持和延续人类生存的生产，是人口的增殖和繁衍；精神生产是人们运用特有的能力，对反映在自己头脑中的客观现实和以往的思想文化资料进行加工，创造出一定的思维产物，并通过相应的物质手段，把它物化在一定的物质资料（包括人体）上，从而形成现实的精神产品的实践活动。三种生产相互依存、相互渗透、相互制约、相互转化、协调一致，共同推动了社会有机体的再生和更新。物质生产是人口生产和精神生产的基础，没有物质生产，人口生产和精神生产便无法进行；人口生产是物质生产和精神生产的前提，没有人口生产，物质生产和精神生产就失去了主体；精神生产是物质生产和人口生产的主导，没有精神生产，物质生产和人口生产便失去了协调的机制。而且，物质生产、精神生产和人口生产的过程同时又是社会关系再生产的过程。"生命的生产，无论是通过劳动而达到的自己生命的生产，或是通过生育而达到的他人生命的生产，就立即表现为双重关系；一方面是自然关系，另一方面是社会关系……"① 社会的经济关系、政治关系、思想关系、伦理关系等正是在物质生产、精神生产和人口生产的过程中形成的。这三种生产是社会活动的基本方面，在历史上同时存在并相互制约，使社会成为一切关系同时存在又互相依存的有机体。这三种生产的不断进行，使社会需要得到满足、更新、再满足，社会有机体得到复制更新。

人类社会是最复杂、最高级的有机体系统，其内在要素按照一定方式联系起来，组成复杂的社会结构。社会有机体的结构，在历史上是逐渐形成的。人类最初的社会生活结构是原始单纯的；自社会出现阶级起，才逐渐分化出文明时代以来的社会结构。从这时起，人与人之间除了经济关系之外，增添了政治关系，出现了社会政治生活领域。与此同时，意识也从原来人们的物质活动、物质交往直接交织在一起的概念中分离出来，形成了独立的精神文化领域。因此，从宏观上，大致可以把社会结构看成是由经济、政

① 《马克思恩格斯选集》第 1 卷 [M]，北京：人民出版社，1995 年，第 80 页。

治、精神文化所构成的总体结构。其中经济结构是整个社会有机体的物质基础。

社会经济结构有广义和狭义之分，狭义的经济结构在社会结构中具有双重身份：相对于生产力而言，它是生产力的社会形式即生产关系；相对于上层建筑而言，它是上层建筑赖以建立的经济基础。所谓经济基础，是指在社会结构中，同一定的生产力发展阶段相适应的、占统治地位的生产关系各方面的总和。所谓上层建筑，是指建立在一定社会经济基础之上的社会思想、观点以及与之相适应的政治法律制度和设施的总和。耸立在社会经济基础之上的上层建筑实际上是由两部分组成的：一部分是由政治法律制度和设施组成的有机系统，称为政治上层建筑，直接形成社会的政治结构；一部分是由各种社会意识形态组成的有机系统，称为思想上层建筑，形成社会的观念结构。

3. 人类社会的发展是自然历史过程

人类社会的发展有无客观规律，这是唯物史观同唯心史观的根本分歧之一。马克思的唯物史观从生产方式的矛盾运动是社会发展决定性力量的科学思想出发，揭示了人类历史变迁和社会发展的客观规律性。马克思在《资本论》中强调指出："我的观点是把经济的社会形态的发展理解为一种自然史的过程。"①
把人类社会看作是自然历史过程的观点，体现了马克思历史观唯物辩证的性质，是对人类社会历史发展的客观性和辩证性的科学论述，科学地揭示了社会发展的一般过程及其内在规律。自然历史过程是指：人类社会同自然界本质是一致的，是客观的、合乎规律的辩证发展过程。这具体表现为以下几个方面。

第一，人类社会发展是客观的。同自然界一样，人类社会是一个客观的物质体系；与自然界不同的是，人类社会是由有目的、有意识的人所组成的，人类的历史不过是追求着自己目的的人的活动而已。但是，人类社会的这一特点并不排斥它同自然界一样具有物质性、客观性特征。首先，人类社会对于自然界有着高度的依赖性。人是自然界长期发展的产物，是自然界的一部分，人类不仅每时每刻与自然界进行物质能量的交换，从自然界获取生活资料、生产资料，而且自然界的运动条件及其规律也总是不断地制约着人们的社会实践活动。人类社会不应也无法摆脱自然界的制约。人类社会与自然界之间的这种联系与交换关系，决定了人类社会发展的客观性。其次，人类不

①《马克思恩格斯选集》第 2 卷［M］，北京：人民出版社，1995年，第 101－102 页。

能随心所欲地创造历史，不能随意地选择客观的历史前提和生产方式。正如马克思所说的那样："人们自己创造自己的历史，但是他们并不是随心所欲地创造，并不是在他们自己选定的条件下创造，而是在直接碰到的、既定的、从过去承继下来的条件下创造。"① 这种既得的历史前提、条件和生产方式的矛盾运动对人类活动的客观制约，也决定了人类社会发展的客观性。

第二，人类社会发展是一个动态过程。同自然界一样，人类社会总是处在不断变化发展的过程之中，社会发展的自然过程从根本上来说在于生产力的发展的客观性和连续性。作为一种客观物质力量的社会生产力，具有历史的继承性和连续性。随着新的生产力的获得，人们的生产关系和整个经济的与社会的形态必然迈上新的台阶，从而实现社会由低级向高级不断更新发展的客观过程。尽管这个过程是极其复杂的，各种旧的势力会竭力阻碍新制度的诞生，旧的制度甚至会复辟，但社会发展过程中自身的新陈代谢机制都是无法改变的，社会形态由低级向高级发展的总趋势是无法改变的。

① 《马克思恩格斯选集》第 1 卷 [M]，北京：人民出版社，1995年，第 585 页。

第三，人类社会发展是有规律的——同自然界一样，人类社会的发展也是一个合乎客观规律的辩证过程，有其自身固有的客观必然性。但是，人类社会同自然界的一个明显的区别就在于，人类社会的进程充满了各种不同的人及社会群体的思想、目的、意志和要求等，而自然界运动则完全是无意识的自发过程。社会运动向自然界运动的这个区别，容易使人们被表面假象所迷惑，即社会历史进程似乎是无数的偶然现象的简单堆积，社会历史进程似乎是多变的和无序的，毫无规律性可言。这种典型的否定历史规律性的唯心史观，其认识上的根源就在于被历史上的许多表象和假象所迷惑，夸大了思想、意志等主观因素的作用，夸大了偶然性的作用。唯物史观高于唯心史观的地方就在于承认和重视历史进程中偶然性的作用，同时又坚持从偶然性背后去寻找常规性、重复性、客观性的历史规律。唯物史观认为，在表面的、偶然的、无序的历史表象背后，隐藏着必然的、有序的客观规律，必然性总是通过偶然性来为自己开辟道路的。

综上所述，人类社会的发展就是这样一个自然历史过程：人们在物质生活资料的生产实践中，不断地提高并获得新的生产力；生产力的变化与发展，必然引起生产关系的变革和整个生产方式的变化，并最终引起上层建筑的变革，推动着人类社会由低级向高级发展。

（二）社会基本矛盾是社会发展的根本动力

人类社会是一个由许多矛盾构成的复杂的矛盾体系，其中生产力和生产关系的矛盾，经济基础和上层建筑的矛盾，是人类社会的基本矛盾，这两对矛盾的相互作用构成了人类社会发展的根本动力。

生产力和生产关系之间的矛盾与经济基础和上层建筑之间的矛盾之所以构成人类社会的基本矛盾，是因为：第一，生产力和生产关系之间的矛盾、经济基础和上层建筑之间的矛盾是贯穿人类社会发展过程始终的。正是这两对基本矛盾的交互作用，推动人类社会从低级到高级的发展。第二，社会基本矛盾所涉及的三个方面，即生产力、生产关系（经济基础）、上层建筑，是社会存在（物质关系）和社会意识（思想关系）的具体展开，它们囊括了社会生活的基本领域，形成了整个社会的基本结构，把握了这两对矛盾，也就基本上把握了社会的全局。第三，生产力同生产关系、经济基础同上层建筑的矛盾，是其他一切社会矛盾的根源，规定和制约着其他各种社会矛盾的存在和发展。第四，社会基本矛盾运动过程所体现的生产力、生产关系（经济基础）、上层建筑之间的本质联系，便构成了人类社会发展的普遍规律，即生产关系一定要适应生产力发展状况，上层建筑要适应经济基础的要求。因此，把握了社会基本矛盾，也就从根本上掌握了人类社会发展的客观规律。

社会基本矛盾是人类社会发展的根本动力，这一原理是马克思在研究了人类社会发展尤其是研究了资本主义社会内部各种复杂矛盾后提出来的。马克思认为，人类社会虽然与自然界有本质的不同，但人类社会也是整个物质世界特殊的组成部分，即它与自然界一样也有着自己发展的历史和自己发展的客观规律性。人类社会之所以不断向前发展，从一种社会形态向另一种社会形态过渡，根本原因在于人类社会内部生产力与生产关系、经济基础与上层建筑之间的矛盾性。关于这一点，马克思在《〈政治经济学批判〉序言》中曾作过深刻的论述："社会物质生产力发展到一定阶段，便同它们一直在其中活动的现存生产关系或财产关系（这只是生产关系的法律用语）发生矛盾。于是这些关系便由生产力的发展形式变成生产力的桎梏。那时社会革命的时代就到来了。随着经济基础的变更，全部庞大的上层建筑也或慢或快地发生变革。"马克思这一科学论断，揭示了人类社会发展史的客观内容，人类社会的发展史就是生产力和生产关系、经济基础和上层建筑的矛盾不断产生又不断解决的历史。

那么，生产力和生产关系、经济基础和上层建筑之间的矛盾运动是如何推动人类社会向前发展的呢？生产力和生产关系、经济基础和上层建筑这两对矛盾在人类社会发展过程中是不可分离的。一方面，生产力和生产关系对立统一构成生产方式的矛盾运动。物质资料的生产活动是整个人类社会存在和发展的基础。生产力决定生产关系，生产关系的总和构成社会的经济基础，经济基础又决定上层建筑，这就是说，生产力和生产关系的矛盾运动，必然产生社会结构中经济基础和上层建筑的矛盾运动。马克思指出："物质生活的生产方式制约着整个社会生活、政治生活和精神生活的过程。"[①] 所以，生产力和生产关系的矛盾与经济基础和上层建筑的矛盾比较起来前者更为根本。前一对矛盾不仅对后一对矛盾起主导作用，而且后一对矛盾的产生和发展又根源于前一对矛盾。另一方面，在社会发展过程中，生产力和生产关系的矛盾的解决又离不开经济基础和上层建筑矛盾的解决。因为在任何一个社会形态中，直接影响生产力发展的固

---

① 《马克思恩格斯选集》第 2 卷［M］，北京：人民出版社，1995年，第 82 页。

然是旧的生产关系，要解放生产力就必须变革旧的生产关系。但为了变革旧的生产关系，又必须先变革保护旧的生产关系的上层建筑，这在革命时期表现得尤为明显。当历史发展到不解决上层建筑和经济基础的矛盾，生产力和生产关系的矛盾不可能得到解决的时候，解决经济基础和上层建筑的矛盾就成为解决生产力和生产关系矛盾的关系了。例如，在无产阶级革命过程中，如果不首先打碎反动的资产阶级的国家机器，就不可能改变资本主义的生产关系和建立社会主义的经济基础，也就不可能解放生产力。可见，在一定的社会形态中，生产力的发展有赖于生产力与生产关系矛盾的解决，也离不开经济基础和上层建筑矛盾的解决。两对基本矛盾相互制约、相互促进，其中起最终决定作用的是生产力。

人类社会从低级向高级发展，其根本原因就在于生产力和生产关系、经济基础和上层建筑这两对矛盾相互作用的结果。生产力、生产关系（经济基础）、上层建筑是人类社会每一个社会结构中最基本的三个层次。正是这三个环节的相互联系、相互作用构成社会的基本矛盾运动，从而推动人类社会从低级向高级发展。在人类社会发展过程中，生产力是最活跃最革命的因素，它永远不会停止在一个水平上。当生产力发展到一定程度时，就要求变革旧的生产关系和建立新的生产关系，以适应生产力进一步发展的要求。而一旦新的生产关系建立起来，就会给生产力的发展开辟广阔的道路。同时，新的生产关系也必然要求建立与它相适应的上层建筑，以促进经济基础的巩固和发展。这时，社会的发展就处于相对稳定的发展阶段。随着生产力的进一步发展，原来的生产关系如果不及时进行调整，又会变得不适应生产力的性质和要求，成为生产继续发展的障碍。原来的上层建筑仍然要保护旧的经济基础，阻止旧的生产关系变革。于是，为了适应进一步发展生产力的要求，又必须变革旧的生产关系及与之相适应的上层建筑。这就意味着社会从相对稳定的量变阶段进入到了剧烈变动的质变阶段，人类社会也就从一种社会形态过渡到另一种社会形态。在新的社会形态中，生产力和生产关系、经济基础和上层建筑之间的矛盾又会由过去的不适应转化为基本适应，在新的基础上开始新的矛盾运动。这样，生产力和生产关系之间、经济基础和上层建筑之间从基本适应到不适应，又在新的基础上达到新的适应的运动过程，推动着人类社会不断从低级向高级发展。人类历史上五种形态的相互代替，就是生产力和生产关系、经济基础和上层建筑矛盾运动的结果。这就是人类社会发展的唯物辩证过程。

（三）人民群众是历史的创造者

1. 人民群众创造历史的决定作用

社会历史是由人的活动构成的。人生活在世上，总要在历史的发展进程中留下自己的活动的印记，只不过有大小、深浅的区分。其中，有的人的作用可以小到忽略不计，或者说留不下明显印记，有的人则对历史有显著的影响。那么，究竟谁是历史的创造者？是那些看似普通的人民群众，还是少数历史人物？这是唯心史观和唯物史观的根本分水岭。

人民群众是指以劳动人民为主体的、对社会发展起推动作用的社会成员中的大多数人们。人民群众是一个广泛的社会历史范畴，它既有量的规定性，又有质的规定性。从量的规定性来看，人民群众是指居民中的大多数；从质的规定性来看，人民群众是指一切对社会发展起推动作用的人。在阶级社会，不同的历史时期，人民群众包括不同的阶级、阶层和社会集团。如 18 世纪法国资产阶级革命时期，由资产阶级、城市平民、工人、农民等组成的第三等级，都属于人民群众的范畴。再如，我国抗日战争时期，一切抗日的阶级、阶层和社会集团，都同于人民群众的范畴。其中不仅有工人、农民、革命的知识分子，而且还包括民族资产阶级、官僚买办资产阶级以及地主阶级中的一部分。而日本帝国主义、汉奸、亲日派都是人民的敌人。在我国现阶段，赞成、拥护和参加社会主义建设的阶级、阶层和社会集团，以及拥护社会主义和赞成祖国统一的爱国者，都属于人民群众的范畴。当历史进入共产主义社会时，人民群众这个概念将与全体社会成员的概念趋于重合。

历史唯物主义从社会存在决定社会意识的基本前提出发，必然得出人民群众创造历史的结论。人民群众推动历史发展的作用主要表现在三个方面：

第一，人民群众是物质财富的创造者。纵观人类社会发展的整个历史，我们不难看出，人类生存、社会发展所必需的衣食住行等方面的物质资料，只能通过生产力的发展来获得。而且，人类只有在解决了吃、穿、住、用等方面的问题之后，才有可能去从事政治的、科学的、艺术的活动。而人类社会赖以生存和发展的全部生产和生活资料，无一例外都是广大的人民群众通过辛勤劳动创造的，是他们创造了社会的全部物质财富。这是最简单、最明确的事实，同时也是最根本、最重要的事实，这是一个既浅显又深刻的道理。审视现实的社会生活，我们同样可以看到，国家富强、民族振兴，最根本的力量仍然是来自人民群众。新中国成立以后，我们在较短的时间内完成了生产资料所有制的社会主义改造，在工业、农业、商业、交通、邮电等事业上都有了飞速发展，取得了举世瞩目的成就。特别是党的十一届三中全会以来，在邓小平建设有中国特色的社会主义理论和党的"一个中心、两个基本点"的基本路线指引下，我国经济得到了迅速发展。城乡人民的物质生活水平大幅度提高，人民的衣食住行有了很大变化。我们三十多年取得的成就，所创造的生产力不仅超过了十一届三中全会以前三十年的总和，而且超过了过去一百多年的总和。可以说，正是人民群众创造的这些丰富的物质文明成果，为我国社会的全面发展和进一步繁荣奠定了最坚实、最雄厚的物质基础。

第二，人民群众是精神财富的创造者。首先，人民群众创造了从事一切精神文化活动的物质前提。其次，他们的实践活动是一切精神财富的源泉，一切科学理论、一切有价值的文学艺术，都源于广大人民群众的社会实践。例如中国古代的《本草纲目》就是历代的药物学家、医学家总结人民群众的生产和生活经验，不断丰富和发展，而由李时珍加工整理而成的。许多文学名著，如《水浒传》、《三国演义》、《西游记》等，都是在民间口头文学和民间传说的基础上经过加工提炼而成的。另外，人民群众直接参与了精神财富的创造活动。世界上一些杰出的科学家、思想家、艺术家，尽管出身于剥削阶级家庭，然而按其所处的社会地位和所表现的进步作用，是应当归属于人民群众的范围之内的，他们所创造的精神财富成果，也应该包括在人民群众创造的精神财富当中。也有许多杰出的科学家、思想家和艺术家，直接出身于劳动者阶级。例如我国宋代活字印刷术的发明者毕昇是一个布衣平民；德国著名的唯物主义哲学家狄慈根和英国杰出的发明家瓦特都是工人；俄国伟大的文学家高尔基也是一个劳动者。他们依靠自己的勤奋努力，刻苦学习成才，创造了许多宝贵的精神财富。

第三，人民群众是实现社会变革的决定力量。人民群众不仅以平时的辛勤劳动创造了物质财富和精神财富，而且以革命时期的历史主动性推动了社会形态由低级到高级的飞跃。在阶级社会里，生产关系的变革，上层建筑的革新，整个社会制度的新旧更替，都是由人民群众发动的推翻反动统治阶级的社会革命实现的。人民群众是社会革命的主体，一切真正的革命运动，实际上都是人民群众自己起来摧毁那些腐朽的社会制度的斗争。奴隶们的英勇斗争冲垮了奴隶主的反动统治，为新兴地主阶级的统治创造了有利条件；

无数次农民起义和农民战争，使封建统治陷于土崩瓦解，为资本主义的兴起和资产阶级的统治铺平了道路；无产阶级各种形式的斗争（包括暴力革命），必定埋葬资本主义制度。

2. 人民群众创造历史活动的社会制约性

人民群众是历史的创造者，但是他们的创造活动和作用并不是随心所欲的，而是受社会历史条件的制约。所谓社会历史条件，是指人民群众创造历史的活动所遇到的一切现存社会要素的总和，大体包括经济条件、政治条件和精神条件。所谓经济条件的制约，是指一定社会历史阶段的生产力和生产关系的制约。生产力是一种客观的物质力量，人们不能自由地选择，生产力的状况不同，人们的创造作用也不同。现代高自动化的社会大生产同原始人手持石斧的劳动，以及中世纪用铁犁耕耘的小生产相比，人的作用是有很大差别的。所谓政治条件的制约，主要是指国家政治制度的制约，它对群众活动的制约特别明显。在阶级对抗的社会中，广大人民群众在经济上受剥削、政治上受压迫、精神上受奴役，他们创造历史的主动性和聪明才智的发挥，受到了极大的限制。社会主义制度的建立，为人民群众发挥创造历史的作用开辟了广阔的天地，提供了前所未有的有利条件，我国人民群众创造历史的积极性和主动性得到了空前的发挥。所谓精神条件的制约，主要是指历史传统和科学文化水平的制约。一定历史时期的人们总是自觉不自觉地受着一定社会的思想文化传统和意识形态的影响。消极落后的文化意识对人民群众创造历史的活动起着压抑和束缚的作用，而先进的科学文化和思想道德则对人民群众创造历史的活动起着激励、鼓舞的作用。

人民群众是历史的创造者，但是其创造作用又受社会历史条件的制约，因此，人民群众创造历史的活动从世代的延续来说，其创造力是无限的。但是从某一个特定的时代来说，又受社会历史条件的制约，其创造作用又是有限的。人民群众创造历史的作用是有限和无限的辩证统一，人类历史正是在这种有限和无限的矛盾运动中不断得到发展的。

3. 个人在历史中的作用

历史唯物主义坚持人民群众是历史的创造者，但并不否认个人在历史中的作用，而是对个人在历史中的作用作了科学的说明。人民群众创造历史的作用要通过个人的活动体现出来，社会历史就是由各种各样的个人的活动构成的，历史上的每一个人都或多或少的对社会历史起过一定的作用。不同的个人对历史发展所起的作用是不同的，个人在历史中的作用主要体现为：可以通过自己的行动对历史的发展起加速或延缓的作用，促进或阻碍历史的发展。换句话说，一个人对历史的发展既可以起进步的推动作用，也可以起反动的阻碍作用，而且有的人在其一生的活动中，既起过正面的推动历史发展的作用，也起过反面的阻碍历史发展的作用。在个人中，按其对历史影响的大小，可以分为普通人物和历史人物。历史人物按其对历史的正面或负面影响可区分为正面历史人物和反面历史人物。前者被称为杰出人物，杰出人物是指那些反映时代要求，代表进步阶级或阶层利益，对社会发展起显著促进作用的伟大人物，包括杰出的政治家、思想家、科学家、艺术家、军事家等，其中杰出的政治家称为领袖人物。后者被称为反动人物，是指那些逆历史潮流而动、阻碍社会向前发展的反动阶级或反动势力的代表人物。

（1）历史人物是历史的影响者

历史上的杰出人物由于他们代表先进的生产方式，反映先进阶级和人民群众的要求，他们的活动方向和历史发展方向是一致的，因而对历史发展起着促进作用。这种促进作用主要表现在三方面。

第一，杰出人物是历史任务的发起者。生产力总是向前发展的，社会也在不断进步。社会发展到一定阶段，总是有当时应该完成的历史任务，而成熟了的历史任务又是由少数杰出人物首先发现和提出来的。在历史发展中，杰出人物往往比同一时代的其他人站得高、看得远，对时势发展观察得比较敏锐，因而能够因势利导，顺应时代发展的趋势提出先进的思想和理论，指出应予解决的重大问题，从而成为社会变革的先导，他们在革命斗争中起着领导核心的作用。

第二，杰出人物是历史任务的组织者和指挥者。社会历史活动不是许多个人活动的简单聚集，而是以一定的组织方式进行的。如果不是有组织、有领导地进行各方面的斗争，任何变革社会历史的活动都不可能持久和深入。而杰出人物正是历史事件的组织者，他们善于组织、动员人民群众为实现特定的历史任务而奋斗，使人民群众创造历史的作用得到有效的发挥，从而加速历史发展的进程。

第三，杰出人物对历史进程有重大影响。历史事件千差万别，正像自然界没有两片完全相同的树叶一样，古今中外也没有绝对重复的历史事件。这一方面是由于社会在发展，另一方面也是由于历史事件是由不同的人参与的。而杰出人物又往往是具体历史事件的直接参与者、策划者和指挥者。因此，在历史事件中就深深打下了杰出人物的烙印，使每个历史事件都有其明显的个性特征。例如，东汉末年的赤壁之战基本上奠定了三国鼎立的局面，而赤壁之战就深深打下了诸葛亮、周瑜、曹操等人的烙印。再如，秦始皇与统一中国，陈胜、吴广与秦末农民起义，康有为与梁启超的"戊戌维新"，张学良、杨虎城与西安事变等。由于这些杰出人物的影响，使得历史事件加速或延缓解决，或者使历史事件产生不同的结局。

（2）无产阶级领袖的伟大作用

无产阶级领袖是最杰出的历史人物，这是由他们所代表的阶级的本质和特点所决定的。一般认为，无产阶级领袖是无产阶级政党内最有威信、最有影响、最有经验、被选出担任最重要职务而称之为领袖的人们所组成的比较稳定的集团。无产阶级领袖一身兼有革命家和理论家的双重品格，他们的伟大作用主要表现在理论和实践两个方面。

第一，在理论方面。他们对创立和发展无产阶级革命理论做出了重大的贡献。马克思、恩格斯是马克思主义学说的创立者和奠基人，他们创立了唯物史观和剩余价值学说，使社会主义由空想变成了科学。列宁全面地发展了马克思主义，提出了无产阶级革命可能在一国或数国首先取得胜利的新理论，使社会主义由理论变成了现实。毛泽东和他的战友们把马克思主义的普遍真理同中国革命的具体实践相结合，创立了毛择东思想，丰富了马克思主义理论，解决了中国从半殖民地半封建社会向社会主义过渡的问题。邓小平理论是马克思主义基本理论和当代中国社会主义建设实践相结合的产物，它解决了处于社会主义初级阶段的中国的发展问题。

第二，在实践方面。无产阶级领袖对推动工人运动和社会主义、共产主义事业建立了不朽的功勋。马克思和恩格斯把他们创立的科学社会主义理论灌输到工人中去，使工人运动由自发变为自觉。他们创立了共产主义者同盟，是第一国际的组织者和领袖，为19世纪的国际工人运动提供了组织保证。列宁创造了新型的无产阶级政党——布尔什维克，领导了伟大的十月社会主义革命，建立了苏维埃政权。毛泽东是中国共产党的创立者之一，为中华人民共和国的缔造和建设事业的发展建立了不可磨灭的功勋。邓小平在新的历史时期，坚持实事求是的思想路线，领导中国人民走出了一条建设有中国特色的社会主义道路，使我国社会生产力得到迅速发展，人民生活水平显著提高，综合国力不断增强。

杰出人物特别是无产阶级领袖对社会发展的作用是巨大的。不过，应该指出的是，杰出人物的作用再大，也不能对历史发展起决定作用，更不能改变历史发展的总趋势和总进程。而且，杰出人物的活动不是随心所欲的，因为任何社会发展阶段上的杰出人物都要受到社会历史条件的制约。制约着人民群众的那些历史条件对杰出人物同样起着制约的作用。这种制约作用就是通常所说的"时势造英雄"，这是历史唯物主义的基本观点。"时势造英雄"即时势召唤英雄、时势锻炼英雄、时势筛选英雄。所谓时势，是指一定历史时期各种社会条件的总和所造成的社会发展的具体态势。杰出人物的出现是历史发展的必然，但在一定条件下出现的杰出人物是谁，他们的活动方式和结果如何则带有很大的偶然性，唯物史观主张任何历史人物的出现，特别是杰出人物的出现，都体现了必然性和偶然性的统一。具体说来，杰出人物的社会制约性主要表现在以下几个方面：第一，杰出人物是适应时代需要产生的。第二，杰出人物是一定时代社会实践的产物。第三，杰出人物的功过是非必须接受人民群众实践过程的检验，最终由人民群众评说论定。

（3）评价历史人物必须坚持科学的原则

唯物史观主张，在评价历史人物时需要坚持两条基本原则，即历史主义原则和阶级分析原则。所谓历史主义原则，是指评价历史人物必须实事求是，把他们放在当时的历史条件下去考察和评定他们的功过是非，既不能把他们看得完美无缺，又不能对他们要求得过于苛刻。评价标准是看他们在多大程度上推进了历史发展的进程，这可以通过他们的业绩、思想理论贡献来评价。不能把历史人物现代化、理想化，忽视或否认他们的历史局限性，也不能用今天的标准去衡量和要求历史人物。所谓阶级分析原则，就是把历史人物放在一定的阶级背景中加以考察，每个历史人物都代表一定阶级的利益和愿望，他们的贡献和局限往往是和他们的阶级属性结合在一起的。对历史人物进行阶级分析重要的是看他们代表哪个阶级的利益和要求，在历史上，阶级的局限性决定了它的代表人物的局限性，离开了一定的阶级背景，就难以理解历史人物的产生、作用及其性质。

4. 无产阶级政党群众观点和群众路线

唯物史观关于人民群众是历史创造者的原理，是无产阶级政党的群众观点和群众路线的理论基础。人民群众创造历史的观点在无产阶级政党的群众观点和群众路线上得到了具体的体现，显示出巨大的理论生命力和现实的作用。群众观点是无产阶级政党的根本观点，其基本内容包括以下四个方面。

第一，坚信人民群众自己解放自己的观点。人民群众是历史的创造者，是推动历史发展的基本动力，无产阶级政党的任务就在于发动群众自己解放自己，被压迫人民群众的解放只能靠人民群众自己去争取，人民群众的自由和幸福只能靠人民群众自己去创造。社会主义和共产主义事业是千百万人民群众自己的事业，群众拥有无穷的智慧和力量，所以，要坚定地相信人民群众的大多数，尊重群众的革命首创精神，一切依靠群众。

第二，全心全意为人民服务的观点。全心全意为人民服务是中国共产党的唯一宗旨，是无产阶级政党区别于其他阶级政党的根本标志之一。无产阶级政党除了谋求无产阶级和广大人民群众的利益外，没有任何自己的特殊利益，任何为个人或小集团谋私利的思想和行为都是和党的宗旨不相容的。

第三，一切向人民群众负责的观点。中国共产党从全心全意为人民服务的宗旨出发，必然一切向人民群众负责，把广大人民群众的利益看成自己的根本利益。它的每一项政策、言论和行动，都以是否符合人民利益、是否对人民负责为最高标准。同时，要把对人民群众负责和对党负责统一起来，把群众的长远利益和当前利益结合起来。

第四，虚心向群众学习的观点。要真正做到全心全意为人民服务和一切向人民群众负责，就必须虚心向人民群众学习，遇事同群众商量，甘当群众的小学生。因为人民群众是实践的主体，他们在实践中积累了丰富的经验，具有无穷的智慧和创造力。只有先当好群众的学生，才能当好群众的先生。共产党员和广大干部必须把自己置身于群众之中，随时接受群众的监督。

把群众观点贯彻到实际工作当中就形成了党的群众路线。党的群众路线就是"一切为了群众，一切依靠群众，从群众中来，到群众中去"①。

群众路线是中国共产党的根本的政治路线和组织路线，也是根本的领导方法和工作方法。人民群众创造历史和辩证唯物主义认识论原理是党的群众路线的理论基础。人民群众是历史的主体，他们处于变革现实的社会实践之中，具有丰富的实践经验，只有实践才能出真知。但是人民群众的经验往往是感性化的，所以有必要把群众的感性经验上升到理性认识。这就需要深入到群众中去，对他们的经验加以总结，形成党的路线、方针和政策，然后再把这样的理性认识放到群众的实践中去检验，使正确的得以坚持，错误的得到修正。如此循环往复，不断深化。

坚持党的群众观点和群众路线，无论在理论上还是在实践上都具有重要的意义，具体表现在：第一，坚持党的群众观点和群众路线是实现党的正确领导的基础。第二，能否坚持党的群众观点和群众路线是关系我党生死存亡的问题。第三，群众对党的信任和支持，是社会主义事业不断取得胜利的关键。实践证

① 《中国共产党中央委员会关于建国以来党的若干历史问题的决议》，北京：人民出版社，1981年，第48页。

明，什么时候坚定不移地走群众路线，革命事业就顺利发展，什么时候放弃或背离群众路线就会遭受挫折或失败。群众观点是我党的根本观点，群众路线是我党的生命线，坚持群众观点和群众路线对建设有中国特色的社会主义具有重大的现实意义。正如邓小平所说，党之所以有力量，就因为始终扎根于人民群众，紧紧依靠人民群众，善于集中人民群众的智慧和创造力。江泽民在庆祝中国共产党成立八十周年大会上的讲话中指出，我们党要始终代表中国最广大人民的根本利益，就是党的理论、路线、纲领、方针、政策和各项工作，必须坚持把人民的根本利益作为出发点和归宿，充分发挥人民群众的积极性、主动性、创造性，在社会不断发展进步的基础上，使人民群众不断获得切实的经济、政治、文化利益。我们党始终坚持人民的利益高于一切。党除了广大人民的利益，没有自己的特殊利益。党的一切工作，必须以最广大人民的根本利益为最高标准。全心全意为人民服务，立党为公，执政为民，是我们党同一切剥削阶级政党的根本区别。在任何时候任何情况下，与人民群众同呼吸共命运的立场不能变，全心全意为人民服务的宗旨不能忘，坚信群众是真正英雄的历史唯物主义观点不能丢。这些都是对我们如何更好地坚持党的群众观点和群众路线的精辟论述。

四、历史唯物主义的历史意义

（一）历史唯心主义缺陷及
长期存在的原因

　　科学的社会历史观是随着社会的发展，在总结前人认识成果的基础上逐渐形成的。在马克思主义产生以前，一些思想家在探索人类社会奥秘的过程中，提出过一些天才的见解，为唯物史观的创立积累了宝贵的资料。例如，中国古代的思想家管仲提出"仓廪实而知礼节，衣食足而知荣辱"，强调了物质生活对精神生活的基础性作用；18 世纪法国唯物主义思想家爱尔维修提出"人是环境的产物，环境决定意见"的观点，他认为，不良的社会风气是由恶劣环境造成的。因此，要改变社会风气，必须首先改变环境，从中注意到社会环境对人思想意识的作用。上述说法在当时具有积极的进步作用。但是，这仅仅是包含着唯物史观萌芽的零星的思想火花，从总体上占主流的仍然是唯心史观。如管仲认为，国君决定社会的性质和面貌，只是劝说国君重视民众的物质生活而已；而爱尔维修所说的环境也主要指教育和法律，这又是由统治者的品质和意见决定的。

可以说，马克思主义产生以前，在社会历史领域是唯心主义的一统天下，无论是唯心主义还是旧唯物主义，自然观上虽然有区别，但其历史观在本质上却是一致的，都坚持用社会意识解释社会存在，仅仅在表现形式上有所差异。例如，神学历史观认为，社会历史是按照神的意志和目的而展开的；又如，有的思想家认为君王卿相的贤愚、国家和法律的好坏决定国家的性质。黑格尔的历史观将社会历史看成是具有历史规律客观性的辩证发展过程，这是很深刻的，但他最终又把历史错误地归结为"绝对理性"的自我发展过程，人在其中只是实现"绝对理性"自我发展的工具之一，使社会历史的发展带有了神秘主义的性质。费尔巴哈突出强调了人在历史中的地位，认为只有通过对人和自然界的研究，才能揭示历史的秘密，但他最后又仅仅用抽象的人的理性、情感、宗教去解释历史。

在马克思主义产生以前，并没有形成真正的科学的历史观。总的来说，在其产生之前，一切社会历史观都是唯心主义的。历史唯心主义者认为，社会意识决定社会存在。宿命论和唯意志论是唯心史观的两种基本形态。宿命论认为，决定社会历史发展的是某种神秘的精神力量，诸如神、上帝、绝对观念等，而少数英雄人物则是这种精神力量的代理人或体现者。唯意志论则认为，英雄人物、帝王将相的愿望、意志和才能可以决定人类社会历史发展的进程，他们可以随心所欲地创造历史。宿命论和唯意志论虽然形式有所不同，但它们有着共同的本质，都承认精神的力量主宰历史，主张英雄人物是历史的创造者，否认人民群众在历史中的作用，因而都是唯心主义的英雄史观。

马克思主义产生以前的旧唯物主义者，虽然在自然观上是唯物的，但在历史观上却是唯心的。近代资产阶级唯物主义者在自然观上坚持唯物主义立场，从物质决定意识出发，确立了唯物主义自然观的"基本内核"。他们也试图用唯物主义来解释历史，用某些物质原因来说明社会历史现象，并且提出过一些有价值的论点和推测，但他们却未从根本上科学地解决社会历史观的基本问题，例如，费尔巴哈作为一个杰出的唯物主义者，在 19 世纪 40 年代就突破了黑格尔的唯心主义体系，恢复了唯物主义的权威，对当时的思想解放起到了巨大的推动作用。但是，费尔巴哈在历史观上却没有贯彻其唯物主义，而是把唯物主义与社会历史彼此完全脱离，成为"半截子"的唯物主义。可见，旧唯物主义在自然观上同唯心主义相对立，在历史观上却与唯心主义一脉相承，它没有并且也无力挣脱唯心史观的羁绊，使唯心史观长期在社会历史领域独占统治地位。

马克思主义产生前的一切历史理论有两个主要缺陷。

第一，它们至多考察了人们历史活动的思想动机，而没有进一步探究产生这些动机的原因，没有掌握社会发展的客观规律性，没有看到物质生产发展过程是这种关系的根源。一句话，它们把社会意识当作历史发展的最终动因、把社会存在看作是社会意识的派生物。也就是说它们用社会意识去解释社会存在，认为社会意识决定社会存在。

第二，没有说明人民群众的活动在历史中的作用。它们认为，社会历史是由少数英雄人物创造的，历史就是杰出人物的传记，从而抹煞人民群众在社会历史发展中的决定作用。

　　唯心史观之所以在马克思主义产生以前长期占据统治地位，甚至在今天仍然有着一定的市场，主要有以下三个方面的原因。

　　首先，社会历史根源。在资本主义产生以前，由于生产力低下，生产规模狭小，一方面社会发展较为缓慢，经济因素的作用没有显露出来，社会历史发展中的矛盾也没有充分暴露，阶级关系为等级关系所掩盖，阶级矛盾与冲突涂上了一层宗教的色彩；另一方面，各民族之间联系交流很少，限制了人们的眼界，使之不能站在整个社会的角度观察历史，因而认识社会历史发展规律的客观条件还不具备。在这种条件下，人们只能以一些表面的联系甚至是想象的联系去解释社会的本质和社会发展的规律性，从而产生了唯心史观。

　　其次，阶级根源。对社会历史的解释直接关系到各个阶级的利益。马克思主义以前的社会历史观作为剥削阶级的社会历史理论，出于本阶级的偏见和需要，必然夸大精神的作用，贬低物质生产和从事物质生产的劳动群众的作用，宣扬英雄创造历史的唯心史观，否认社会发展的客观规律性。

　　再次，认识根源。社会历史的发展与自然界相比要复杂得多。自然界的发展是自发的过程，无须人的参与，其规律是各种盲目、自发的力量相互作用的结果；而社会由人构成，社会历史是受一定目的、意识支配下的人的活动的产物。同时，少数历史人物的个性特点和品质特征经过社会组织的放大，对社会历史过程会起重大的影响。为此，容易造成假象，似乎社会历史的发展取决于人的意志，尤其是少数英雄人物的意志。如果认识仅仅停留在表面现象上，就会导致社会意识决定社会存在的历史唯心主义观点。

（二）历史唯物主义的创立是历史观的伟大变革

鲜花不能长在岩石上。历史唯物主义也不可能离开人类文明大道而自行产生。马克思创立唯物史观的过程，也是批判扬弃哲学史、思想史和经济学说史等优秀成果的过程。他从世界史的比较研究角度出发，通过对宗教、国家和法的批判，逐步深入到探讨社会历史的物质根源，最终发现了物质生活资料生产的决定性作用。可以说，马克思创立的唯物史观，在实践基础上科学地解决了社会存在和社会意识的关系，它是人类有关社会历史领域研究所获得的最伟大的科学发现之一。

历史唯物主义的历史观是唯物的。它主张人类社会是不以人们的意志为转移的"自然历史过程"，不是由社会的思想、政治生活来决定社会的物质生活，而是社会的物质生活决社会的思想、政治生活，不是人们的社会意识决定人们的社会存在，而是人们的社会存在决定人们的社会意识。社会存在第一性，社会意识第二性，社会存在决定社会意识的产生、发展和变化，社会存在是社会意识产生的本源，社会意识是社会存在的派生物。

历史唯物主义的历史观又是辩证的。它认为社会意识是社会存在的反映，社会意识依赖于社会存在。同时，又承认社会意识对社会存在具有相对的独立性。尽管社会意识的产生和发展都依赖于社会存在，由社会存在决定，但社会意识并不是纯粹消极的、被动的，它在一定程度上也影响和制约社会的发展，即社会意识对社会存在具有反作用，先进的社会意识对社会存在的发展起推动和促进作用，相反，落后的、腐朽的社会意识对社会存在的发展起阻碍甚至破坏作用。

唯物主义历史观的创立，是人类社会历史观走向科学的里程碑，是人类认识史上的一次伟大变革，在理论和实践上具有重要的意义。

第一，历史唯物主义的创立宣告了唯心主义的彻底破产。历史唯物主义既唯物又辩证地解决了历史观的基本问题，证明了社会存在决定社会意识，揭示了社会生活的客观性和辩证性，结束了唯心主义对社会历史理论长期独占统治的局面，把唯心主义从最后的避难所——社会历史观里驱逐出来。当然，唯心史观的破产并不意味着它的绝迹。唯心史观还可利用一切形式同历史唯物主义进行斗争，并力图扩大其地盘和影响。因此，反对唯心史观的斗争是一个长期的、艰巨的过程。

第二，历史唯物主义的创立，使社会主义由空想变为科学，空想社会主义者对资本主义剥削制度进行了揭露和批判，并对未来的社会制度作了一些设想，有其积极的合理的因素。但是，他们把社会主义建立在道义和相对抽象的理性、正义、理想的追求和向往的基础之上，最终只能局限于唯心史观的范围之内。马克思和恩格斯运用唯物史观，分析了私有制社会的剥削现象，揭示了资本主义制度的实质，阐明了资本主义必然灭亡，社会主义必然胜利的客观规律，使社会主义奠定在科学的基础之上，成为科学社会主义。

第三，历史唯物主义的创立，实现了唯物辩证的自然观和唯物辩证的历史观的统一。马克思和恩格斯在无产阶级的革命实践活动中，把唯物主义和辩证法相结合，并把这种结合贯彻到社会历史领域之中。他们通过对纷繁复杂的的社会现象的分析和研究，揭示了社会发展的经济原因和阶级斗争在社会发展中的作用，找出了社会发展的普遍规律，从而创立了历史唯物主义，第一次实现了唯物辩证的自然观和唯物辩证的历史观的高度统一。

第四，历史唯物主义的创立，为社会生活和社会历史的研究、为分析和考察社会生活中的各种错综复杂的现象及揭示其本质，提供了科学的理论基础和方法论的指导。历史唯物主义是人们关于社会生活的共同本质和社会发展一般规律的认识。这种普遍理论能够指导人们去正确地认识社会各个具体领域的特殊东西，使各门具体社会科学成为真正的科学理论体系。历史唯物主义也使人们在纷繁复杂的社会现象中能够坚持正确的认识方向，找出隐蔽在现象背后的本质，从而得出正确的结论。所以，历史唯物主义是人们认识社会、改造社会的指南。

第五，历史唯物主义的创立，对无产阶级政党制定正确的路线、方针和政策，帮助人们树立共产主义的人生观，具有重大的指导作用。无产阶级政党只有在历史唯物主义指导下，才能正确地认识社会生活的实际状况，科学地分析现实的社会阶级关系及其阶级斗争的发展趋势，把握社会发展的一般规律，制定出合乎客观实际情况的路线、方针和政策。否则，如果离开了历史唯物主义，就会违背社会发展的客观规律，陷入历史唯心主义的泥潭，就会把人们的实践活动引入歧途。共产主义人生观的确立也需要历史唯物主义的指导，只有把历史唯物主义作为理论依据，遵循社会发展的客观规律，正确处理个人利益和社会整体利益的辩证关系，才能树立起共产主义的人生观。

五、历史唯物主义的当代价值

（一）发展是硬道理

1. "发展是硬道理"是马克思主义关于生产力理论的运用和发展

物质生产活动是人类最基本的实践活动，生产力是推动人类社会发展的最终决定力量，这是马克思主义社会历史观的基石。马克思的两大发现，即唯物史观和剩余价值学说，都是建立在这块基石之上的。人类从原始社会、奴隶社会、封建社会、资本主义社会到社会主义社会的进步，社会形态由低级到高级的更替，从根本上说都是社会生产力不断发展的必然结果，都是不同历史时期代表当时先进社会生产力的阶级或政治集团发挥推动历史进步的能动作用的结果。

马克思主义的生产力理论，越来越显示出不可磨灭的真理光辉。其基本内容主要有：第一，生产力要素包括劳动资料、劳动对象、劳动者，其中最重要、最活跃的是掌握生产工具和生产技能的劳动者。第二，生产力决定生产关系，一定的生产关系是一定生产力发展的必然产物，又反过来影响生产力的发展。第三，由生产关系的总和构成的经济基础决定上层建筑，上层建筑对经济基础又具有反作用，它必须与经济基础相适应并为经济基础服务。第四，生产力和生产关系、经济基础和上层建筑之间的矛盾构成社会基本矛盾。生产关系与生产力、上层建筑与经济基础相适应，生产力就能蓬勃发展；反之，就会阻碍甚至破坏生产力的发展。

马克思主义政党，要自觉代表社会先进生产力的发展要求，首先要充分认识生产力本身具有的革命性和决定作用，了解生产力性质变化、生产力发展水平提高的规律，正确解决在不同历史条件下解放和发展社会生产力的不同任务、手段、途径和方针措施问题。马克思主义政党，在取得全国政权以前，主要是通过革命斗争扫除阻碍生产力发展在政治经济制度上的障碍。党在取得政权、建立社会主义的政治经济制度以后，就要运用这种新制度及其创造的一切有利条件，大规模地致力于经济建设，大力发展社会生产力，不断提高生产力的水平，同时，要在新的历史条件下，正确处理生产力与生产关系、经济基础与上层建筑之间的矛盾，自觉地调整、完善生产关系和上层建筑，为不断发展生产力、满足人民日益增长的物质文化生活需要开辟广阔的道路。

把马克思列宁主义基本原理同中国的具体实际结合起来的中国共产党人始终把发展生产力作为一个大问题来解决。毛泽东的名言就是，落后就要挨打。通过革命和建设，扫清阻碍生产力发展的障碍，实现强国梦，使中国摆脱贫困落后，建设强大的现代化国家，这是老一辈革命家梦寐以求的历史愿望。改革开放以来，邓小平在总结历史经验的基础上一再强调了发展生产力的重要性。1992 年提出了"发展是硬道理"的著名论断，从社会主义本质的高度强调发展生产力的重要性。江泽民同志在即将迈入新世纪的重要历史时刻，站在时代的高度，用极为精练的语言提出"三个代表"的论断，把党要始终代表中国先进社会生产力的发展要求摆在前提和首要位置，并同代表先进文化的前进方向和代表最广大人民群众的根本利益联系和统一起来，这就在党的建设最根本的问题上，推进了马克思主义党建理论的新发展，成为按照新时期党的建设总目标全面推进党的建设的强大思想武器和行动指针。在新世纪新阶段，胡锦涛把发展作为科学发展观的第一要义，是基于我国社会主义初级阶段的基本国情，基于人民过上美好生活的深切愿望，基于巩固党的执政基础、履行党的执政使命而得出的重要结论。

2. 现阶段发展生产力的紧迫性

生产力是社会发展的最终决定力量，决定着社会面貌的变化、社会结构的更新、社会文明的进步。在人类社会的发展过程中，无论是原始社会、奴隶社会，还是封建社会，世界各国、各民族虽然文化背景各不相同，但由于基本上都是以自然经济的生产方式从事着物质资料的生产，因而人们都只能世世代代地维系在一个狭小的土地上，过着封闭的生活。文明也只能如法国历史学家汤因比所说，在"挑战——应战"中缓慢发展。由农业文明进入到工业文明，世界上各民族、各国家的发展状况开始拉开距离。由于工业化的产品主要表现为商品，而商品是社会化大生产的杰作，它需要市场的支撑。所以，西方工业化国家纷纷把目光盯向国外，向世界扩大市场。人类社会因此发展到了马克思所说的"世界历史"的时代。人类社会的发展,在不同的历史阶段、在不同的国家和地区,衡量的标准是不一样的。在古代,由狩猎到游牧是发展,由游牧到定居农耕是发展,由农业文明到工业文明是发展;在今天,由工业社会到信息社会更是发展。

我们正处于工业化和信息化相互交替的时代。在这个时代,世界正在向政治多极化的方向发展,科技发展日新月异,经济全球化趋势不可阻挡,各种文化相互激荡,形成蔚为壮观的多样性文化现象。作为社会形态,社会主义和资本主义在斗争中共存、在共存中斗争。我国在中国特色社会主义道路上,在改革开放中,不断解放和发展生产力,不断调整生产力和生产关系、经济基础和上层建筑的关系,以满足人民群众日益增长的物质和文化需要为己任,不断促进经济、社会和文化的发展。

但我国还处在社会主义初级阶段,落后的社会生产与人民群众日益增长的物质文化需求之间的矛盾是社会的主要矛盾。发展社会生产力是解决这个主要矛盾的关键。就当前来说,我们发展生产力的主要任务是由传统农业社会向现代化工业社会和信息社会的转变;是由总体小康社会向全面小康社会的转变;是由单一的重视经济发展向重视经济、政治、文化,尤其是人的全面发展的转变。

社会主义的根本任务是发展生产力，党和国家的工作重点是经济建设，这是对我国社会主义建设经验教训和社会主要矛盾进行科学分析得出的最重要结论，是解决当代中国一切问题的关键。无论从国内还是从国际来看，解决各种社会问题，实现社会的全面进步，实现祖国的统一，反对霸权主义、强权政治，都离不开社会生产力的发展。现阶段发展生产力的紧迫性主要表现在以下两个方面。

（1）国内形势的要求

社会主义初级阶段的主要矛盾，决定了我们必须把经济建设作为全党全国工作的中心，各项工作都要服从和服务于这个中心。当前，我们面临着复杂的矛盾和挑战，我们要从社会主义初级阶段的实际出发，始终坚持党的基本路线不动摇，把发展生产力的工作做得更好。要按照江泽民同志在庆祝中国共产党成立80周年大会上的讲话的要求，"必须坚持不懈地发展先进的生产力，对于仍然存在的不适应先进生产力和时代发展要求的一些落后的生产方式，既不能脱离实际地简单化地加以排斥，也不能采取安于现状、保护落后的态度，而要立足实际，创造条件加以改造、改进和提高，通过长期努力，逐步使它们向先进适用的生产方式转变"。

经过改革开放 30 多年的发展，尤其是经过"十一五"期间的努力，我们已经站在一个新的历史起点上。我国具备保持经济平稳较快发展和社会和谐进步的诸多有利条件。从国内看，"十一五"时期城乡居民消费结构逐步升级，产业结构调整和城镇化进程加快，为经济社会持续快速发展提供了广阔的市场空间；丰富的劳动力资源、较高的国民储蓄率，是经济社会持续快速发展的坚实保障；比较雄厚的产业、科技和教育基础，以及不断完善的基础设施，为经济社会发展提供有力支撑；市场经济体制逐步完善，社会政治保持长期稳定，为经济社会发展创造了良好社会环境。

"十二五"时期国内国际环境给我国带来的发展机遇的同时，对我国经济社会发展和安全提出了许多新的挑战。从国内看，我国正处于并将长期处于社会主义初级阶段，生产力不发达，城乡区域发展不平衡；增长方式转变缓慢，经济结构不合理，使经济社会发展与资源、环境之间的矛盾突出；技术储备不足、自主创新能力不强，直接影响了我国经济的国际竞争能力的提高和可持续发展；解决"三农"问题的任务相当艰巨，就业压力依然较大；公平与效率、经济与社会发展之间不协调的矛盾日益凸显；影响发展的体制机制问题亟待解决，处理好社会利益关系的难度加大。而这些问题归根到底，原因就在于我们的生产力不够发达。

"十二五"期间促进国民经济持续快速协调健康发展和社会全面进步，要以邓小平理论和"三个代表"重要思想为指导，以科学发展观统领经济社会发展全局。社会主义现代化事业的发展，首先取决于社会生产力的发展。只有国民经济在新的基础上实现持续快速健康发展，才能更有条件解决当前经济和社会生活中遇到的突出矛盾和问题，才能在经济全球化趋势迅速发展的情况下保证我国在激烈的国际竞争中处于更加主动的地位。这就要求我们，无论遇到什么情况都不能动摇经济建设这个中心，都要密切注意生产力发展的新特点新趋势，始终把代表先进生产力发展要求的任务放在心上、抓在手中。走新型工业化道路，解决好三农问题，都需要我们加大力度发展生产力。

（2）国际环境的要求

当今世界正在发生广泛而深刻的变化，国际范围内合作与竞争呈现出错综复杂的局面；我国社会主义现代化建设事业的跨世纪发展也碰到许多新情况新问题和深层次矛盾。从国际环境看，"十二五"时期和平、发展、合作仍然是时代的潮流，世界政治力量对比有利于保持国际环境的总体稳定，为我国经济社会发展创造和平的国际环境；经济全球化趋势深入发展，我国与世界经济的相互联系和影响日益加深，有利于我国利用两个市场、两种资源，缓解影响我国经济发展的主要制约因素；世界科技进步日新月异，生产要素和产业转移加快，有利于我国加快高新技术产业发展和传统产业的改造升级；世界经济将继续保持较快增长，为我国经济发展提供了更加广阔的国际空间。但是复杂多变的国内外环境和日益激烈的市场竞争，致使影响和平与发展的不稳定不确定因素增多，发达国家在经济科技上占优势的压力将长期存在，世界经济发展不平衡状况加剧，各国围绕资源、市场、技术、人才的竞争将更加激烈，贸易保护主义有新的表现，对我国经济社会发展和安全提出了新的挑战。

发展社会生产力，必须坚持对外开放的基本国策。在经济全球化进程加快发展的今天，我们要以更加积极主动的姿态参与国际经济竞争与合作，大胆吸收和利用国外的资金、先进技术和一切进步的东西，把"引进来"与"走出去"结合起来，更好地利用国际国内两个市场、两种资源，同时必须始终注意维护国家主权和经济、金融安全。这样才能不断提高我国社会生产力的发展水平，赢得与资本主义相比较的优势。

必须大力实施科教兴国战略，开发和用好人才资源。"科学技术是第一生产力",邓小平同志的这一论断,是对马克思主义关于科学技术作用的最新和最高概括,也是对世界经济特别是生产力发展新情况、新趋势的画龙点睛。我国 30 多年的经济发展也证明,没有科学技术新的发明创造和运用,就不可能有先进社会生产力的新发展和新提高。当今世界,一场新的科技革命正在蓬勃兴起,迅猛向前,给生产力的发展带来了巨大的推动力量,对人类社会产生着广泛深刻的影响。现在国际上综合国力的竞争,很大程度上取决于科技实力的强弱,说到底是拥有的人才质量和数量的竞争。抓住机遇,迎接挑战,很重要的一条就是要抓住和迎接世界新科技革命带来的机遇和挑战,大力实施科教兴国战略,抓好人才资源的开发利用,加快科技经济的一体化。这是我们党代表中国先进社会生产力发展要求必须完成的一项战略任务。

目前我国自主创新能力不足,制约着我国经济发展水平的提升、国际竞争力的增强和比较经济效益的改善,使我国不少企业的生产经营活动越来越陷入受制于人的被动境地。为此,党和国家都把增强自主创新能力摆在了突出位置。必须把加快自主创新的思想贯彻到各个地区和各个行业,贯彻到现代化建设的各个方面,努力走出一条具有中国特色的自主创新之路,把我国建设成为创新型国家。

面对新形势新任务，党要更好地肩负起自己的历史责任，牢牢把握社会发展的总趋势，紧紧抓住发展社会生产力这个最主要的东西，自觉代表先进社会生产力的发展要求，把建设中国特色社会主义的伟大事业不断地全面推向前进。

3. 发展生产力是发展中国特色社会主义必然要求

（1）发展生产力是社会主义的内在要求

高度发达的生产力和比资本主义更高的劳动生产率，是社会主义发展的必然要求和最终结果。只有不断地发展生产力才能实现这个必然要求和最终结果，才能逐步提高人民的物质文化生活水平，最终达到共同富裕的目标。诚然，任何一种社会制度的存在和发展都需要发展生产力，这是人类社会发展的一般规定性。但是，在不同的社会制度下，发展生产力又其特殊的规定性。这种特殊规定性是由特定社会制度的本质决定的。解放和发展生产力作为社会主义的本质范畴，其实现方式、目的都不同于资本主义制度。社会主义是在公有制为主体的经济基础上来解放和发展生产力的，其目的是为了满足人民群众日益增长的物质文化生活的需要，消灭剥削、消除两极分化，最终达到共同富裕。而资本主义发展生产力，其目的是为资本家生产更多的剩余价值，是为了少数人富裕起来，它只能导致两极分化。

社会主义建设是崭新的事业，对于社会主义建设目的的认识也是一个不断深化的过程。早在新中国成立初期，以毛泽东同志为核心的党的第一代中央领导集体就提出了建设社会主义的目的问题。特别是党的第八次全国代表大会，将中国社会的主要矛盾确定为人民对于经济文化迅速发展的需要同当前经济文化不能满足人民需要之间的矛盾，指出全党全国的主要任务是集中力量发展社会生产力，实现国家工业化。党的十一届三中全会之后，以邓小平同志为核心的党的第二代中央领导集体，在探索什么是社会主义、怎样建设社会主义的实践中，将中国社会的主要矛盾概括为人民日益增长的物质文化需要同落后的社会生产之间的矛盾，同时提出社会主义的本质是解放生产力，发展生产力，消灭剥削，消除两极分化，最终达到共同富裕。以江泽民同志为核心的党的第三代中央领导集体，把代表最广大人民群众的根本利益作为一切工作的出发点和归宿，从而使社会主义发展目的的思想得到了进一步的丰富和完善。

以胡锦涛同志为总书记的党中央，以新的视野审视世界和中国的发展变化，丰富和发展了毛泽东、邓小平、江泽民关于社会主义建设目的的一系列重要思想。如今，科学发展观明确提出以人为本，使社会主义建设的价值追求更加明确。坚持以人为本，就是以最广大人民的根本利益为本，以实现人的全面发展为目标，坚持发展为了人民、发展依靠人民、发展成果由人民共享。科学发展观使社会主义制度的优越性更加凸显，更体现了社会主义的任务。

（2）发展生产力是解决社会主义初级阶段主要矛盾的要求

社会主要矛盾决定社会的根本任务。我国社会的主要矛盾是人民日益增长的物质文化需要同落后的社会生产之间的矛盾，由此决定我国社会的根本任务是大力发展社会生产力，特别是先进社会生产力。

在社会主义初级阶段，我国的计会主义现代化建设面临着复杂的社会矛盾，国家、集体和个人之间，中央和地方之间，地方和地方、部门和部门之间，工人、农民和知识分子之以及他们各自内部之间，不同经济成分和社会集团之间以及各种经济成分和社会集团的内部，在根本利益一致的基础上都存在着极为复杂的人民内部矛盾。工农之间、城乡之间、脑力劳动和体力劳动之间还存在着重大的社会差别。由于多种所有制形式和多种分配方式的存在，人们在占有生产资料和收入方面还存在着不平等现象，在促进效率提高和体现社会公平之间还存在较大的矛盾。这些矛盾和社会差别，从根本上说都是同落后的社会生产分不开的。只有大力发展社会生产力，使社会财富不断涌现出来，使社会摆脱不发达状态，才能有效地协调社会矛盾和实现社会公平，更好地满足人民日益增长的物质和文化生活的需要。

（3）发展生产力是社会主义优越性的表现

一种新的社会制度较之于旧的社会制度优越，归根到底在于新社会制度比旧社会制度能够创造更高的劳动生产率，更好地满足广大人民群众物质文化生活的需要。资本主义制度优于封建社会制度是如此，社会主义制度优于资本主义制度也是如此。从根本上说，一种社会制度是否先进和具有优越性，就是看其能否促进社会生产力的发展，创造出比先前的经济制度更高的社会生产力，迅速发展生产力，不断提高人民的物质文化生活水平，这是社会主义本质的内在要求，也是社会主义制度优越性的具体体现。正如邓小平同志所指出的："社会主义制度优越性的根本体现，就是能够允许社会生产力以旧社会所没有的速度迅速发展，使人民不断增长的物质文化生活需要能够逐步得到满足。"① 由于我国社会主义制度是在半殖民地

① 《邓小平文选》第 2 卷 ［M］，北京：人民出版社，1994 年，第 128 页。

半封建社会经济文化比较落后的基础上建立起来的，相对于发达资本主义国家，我们的生产力发展水平，经济文化的发展和人民的物质文化生活水平都较低，改善这种状况需要一个较长的历史发展过程。我国社会主义制度的建立，为大大缩短这个过程提供了可能性，但仍然需要我们几代人的努力。只有大力发展社会生产力，才能使社会主义制度的潜在的优越性变成现实的优越性，并最终为战胜资本主义制度创造雄厚的物质基础。

（4）发展生产力不仅是重大的经济问题，而且是重大的政治问题

中国的发展首先是发展经济、提高综合国力，这是毫无疑问的。但对发展问题的认识，却不能仅仅停留在经济上，要把经济问题同政治问题联系起来，同社会安定团结联系起来。为什么邓小平对中国发展问题的担心，达到了痛心疾首、忧心如焚的程度？为什么 1992 年他以接近 90 岁的高龄亲临南方视察，再次谆谆告诫党和人民不发展不行，发展太慢也不行？因为贫穷不是社会主义，发展太慢也不是社会主义；同时发展问题也是政治问题，因为发展问题是关系到我国社会主义制度生死存亡的大事，只有加快经济发展，才能巩固我国的社会主义制度，充分发挥社会主义制度的优越性，才能解决社会主义的主要矛盾。

　　在我国这样一个人口多、底子薄的大国要实现社会主义现代化，所遇到的矛盾是错综复杂的，面临的问题是多种多样的。邓小平以辩证的思维观察分析各种各样的矛盾和问题，站在战略的高度指出："中国还有个台湾问题要解决。中国最终要统一。能否真正顺利地实现大陆和台湾的统一，一要看香港实行'一国两制'的结果，二要看我们经济能不能真正发展。中国解决所有问题的关键是要靠自己的发展。"①

　　发展问题关系到我国在国际上的地位和作用。中国在国际上历来坚持独立自主的外交政策，坚决反对霸权主义、强权政治，是维护世界和平的坚定力量。但要在国际上真正发挥一个大国应有的作用，实现中华民族自立于世界民族之林的宏伟愿望，关键是善于把握时机实现我们的发展。正是基于这一点，邓小平明确地指出，只要我们发展了，"这样保持五十年、六十年，社会主义中国将是不可战胜的"。②

　　党的第三代领导人江泽民总书记提出了"三个代表"的重要思想，这是我们在新的历史条件下加强党的建设的伟大纲领。而贯穿其中的是代表最广大人民

_____

① 《邓小平文选》第 3 卷 [M]，北京：人民出版社，1993 年，第 85 页。

② 《邓小平文选》第 3 卷 [M]，北京：人民出版社，1993 年，第 365 页。

的根本利益。代表最广大人民的根本利益，就必须集中力量解放生产力、发展生产力。生产力不发展，经济实力不强，处理改革、发展、稳定的关系，就缺乏必需的物质基础和条件，国内就稳定不了，国际上也就没有发言权。只有在不断发展生产力、提高效益的前提下，保持国民经济持续快速发展，才有利于缓解企业生产经营困难，真正建立起现代企业制度，勇敢地面对市场竞争与挑战，才能减轻就业压力，促进经济结构调整和深化改革，也才能不断增加国家财力积累和地方财政收入，有效防范金融风险和财政风险，保持社会稳定。

发展作为科学发展观的第一要义，要求我们必须坚持把发展作为党执政兴国的第一要务，牢牢抓住经济建设这个中心，坚持聚精会神搞建设，一心一意谋发展，不断解放和发展生产力。更加有效地实施科教兴国战略、人才强国战略、可持续发展战略，着力把握发展规律、创新发展理念、转变发展方式、破解发展难题，提高发展质量和效益，实现又好又快发展，为发展中国特色社会主义打下坚实基础。所以说，我们解决所有问题的关键在于自己的发展。发展生产力是社会主义本质之要求，是人民根本利益之所在，是国家前途命运之所系。

（二）提高文化软实力

1. 社会意识的相对独立性及其反作用理论是我国提出提高文化软实力的哲学基础

文化软实力是综合国力的重要组成部分，它不仅为经济和社会发展提供精神动力和智力支持，而且文化产业本身也具有极大的经济力量。当今世界各国的竞争，越来越重视综合国力的较量。经济、政治、文化和军事共同构成一个国家的综合国力，早已成为人们的共识。然而，随着知识经济信息时代的来临，经济文化一体化的发展趋势越来越凸显，成为世界性的时代潮流。"文化智力优势正取代自然资源优势成为经济发展的关键因素，商品中的文化含量、文化品位、文化附加值越来越高，观念文化的凝聚作用、鼓舞力量日益突出，文化产业迅速崛起……这一切都表明文化对整个社会的文明进步将产生重大的促进作用，文化将成为人类社会发展的重要推动力。"① 文化属于社会意识，社会意识具有相对独立性是历史唯物主义的基本观点。这种相对独立性的主要表现在：

第一，社会意识的发展变化与社会存在的发展变化具有不完全同步性。这种不完全同步性有两种情况：一是社会意识的发展往往落后于社会存在的发展，对社会的发展起阻碍作用；二是先进的社会意识往往在一定程度上超越既定的社会存在而预见未来的发展，这种情况对社会的发展起推动作用。

事实证明，一国文化软实力发展水平的高低同社会的经济发展水平并不是完全同步的，文化软实力的发展水平可能超前或滞后于经济的发展。举一个典型的例子：德国在 18 世纪以前曾远远落后于欧洲其他国家，但 18 世纪后，德国从哲学入手，率先完成了文化革命，催生了一大批伟大的哲学家、思想家，而后才得以进行社会革命，再进行产业革命和技术革命，使现代德国在近现代世界的经济文化发展过程中担当起一个非常重要的角色，其经济实力至今仍处于欧洲国家的前列。另外，亚洲金融危机之后，韩国的经济曾一度因到期的外债而濒临破产，此时韩国大力

---

① 唐骅. 文化国力：综合国力的组成部分——《文化国力》评介 [N]. 中国教育报，2000－07－18 (6).

发展文化产业，使一股"韩流"风靡全球，正是这种领先于经济发展的文化软实力，使韩国的经济在短短几年的时间内迅速走出阴霾，重新崛起。这些实例足以证明，文化软实力与社会经济的发展具有不完全同步性，如果其发展水平领先于社会经济，则必然会推动社会经济的发展和社会的变革，相反，则会起到阻碍作用。我们党今天高度重视国家文化软实力的发展，正是看到了文化软实力同经济社会发展的不完全同步性，力图通过文化软实力的发展，促进中国社会整体水平的提高。

第二，社会意识的发展有着自身的历史继承性。一定历史发展阶段上的社会意识，在内容上主要反映现实的经济结构，但同时也会吸收、保留以往形成的某些意识形态的思想因素和材料，"古为今用"；同时，形式上在继承既有形式的基础上，又根据新的内容和条件加以改造，并加以补充和发展，从而增添一些新的具体形式，"推陈出新"。

中国是一个文化大国，孕育了五千年的古代文明，几千年的文化熏染，在中国形成了独特的文化传统。十七大报告指出：中华文化是中华民族生生不息、团结奋进的不竭动力。要全面认识祖国传统文化，取其精华，去其糟粕，使之与当代社会相适应、与现代文明相协调，保持民族性，体现时代性。文化软实力建设是实现科学发展、社会和谐的基本要求，是满足日益增长的精神文化需求和国家发展战略的需要，并与中华民族传统文化有着紧密联系。中华文化源远流长，博大精深，在中华文化中，和谐社会的建构源于对中华民族文化的开发与创新。正是由于意识形态的这种历史继承性，才使各国文化软实力有着自己独特的发展历史，从而形成各具特色的民族文化传统。我国历来就提倡自强不息的奋斗精神，这是受孔子的"未知生，焉知死""天行健，君子以自强不息"等传统思想文化的影响；追求真理、勇于奉献的精神，是对古代"朝闻道，夕死可矣""路漫漫其修远兮，吾将上下而求索"等思想的继承。古人云"天下兴亡，匹夫有责"，这一传统思想延续千年，成为今天爱国主义精神的思想基础。因此，提升文化软实力，要继承和发扬中华民族优秀传统，加大对中华传统文化的整理、开发，发掘文化优势。中华文化博大精深，在21世纪文化软实力的竞争中具有较强的优势，是我们提升文化软实力开发不尽的宝藏。

第三，社会意识对社会存在具有能动的反作用。这种反作用是通过把不同集团、阶级，尤其是统治阶级的利益要求内化为人们的思想、情感、意志，以支配人们的行动，从而影响社会的经济结构和政治结构。正如毛泽东所说："一定的文化（当作观念形态的文化）是一定社会的政治和经济的反映，又给予伟大影响和作用于一定社会的政治和经济。"① 意识形态能动的反作用集中体现在意识形态维护或批判现实社会、调控人的活动这两大功能上。

2. 提高文化软实力对发展中国特色社会主义的重要作用

改革开放以来，中国不论是硬实力还是软实力都有很大的提高，但总的来说，中国文化软实力的总体水平同先进国家和地区相比还存在一定的差距：中国文化软实力自身内部结构以及与中国硬实力发展水平不平衡；中国文化影响力与中国经济迅猛发展的前景、中国政治、军事日益提升的地位，以及中国发展理念和模式日益扩大的影响很不匹配，因此，我国要在激烈的国际竞争中赢得主动，就必须在壮大经济实力、科技实力和加强国防力量的同时，使国家文化软实力有一个大的提高。十八大报告中的重要论述，是我们党对文化在党和国家工作全局中战略地位和重要作用的新认识、新论断。

（1）中国文化软实力能够增强中华民族凝聚力

文化软实力很大程度上表现为国民的精神状态、

---

① 《毛泽东选集》第 2 卷［M］，北京：人民出版社，1991 年，第663－664 页。

意志品格和内在凝聚力，这一切主要来自人们的社会核心价值的认同。作为一个拥有 13 亿人口、56 个民族的大国，要把建设社会主义核心价值体系，作为提高我国文化软实力的首要任务。加强文化建设，提高我国文化软实力，有利于不断增强中华民族的凝聚力和创造力，为实现中华民族的伟大复兴而不懈奋斗；有利于在世界文化的交流和合作中，不断增强中华文化的国际竞争力、吸引力，真正把我国建设成为文化强国。

（2）中国文化软实力能够提升中国的综合国力

在和平与发展成为时代主题的今天，软实力已经成为综合国力的重要组成部分。发展我国软实力，是摆在我们面前的一个重大现实课题。文化软实力与经济相结合是生产力，一是可以直接发展文化产业带来经济效益，二是文化反作用于经济、政治等领域可以发挥其反作用。文化软实力与政治相结合成为民主政治的文化源泉和动力，以及形成执政文化，为政治发展寻求合法性与权威性。文化软实力作用于中国社会，形成中国社会主义和谐文化，进行社会整合，帮助解决各种社会矛盾。如果只注重硬实力的发展，不注重软实力的发展，其综合国力的发展难以持久。只有硬实力和软实力协调发展，综合国力才有可能持续健康地发展。软实力的发展必须以硬实力为基础，而硬实力则必须有软实力的支撑才有可能长盛不衰。从历史上看，任何一个强大的国家都是两种实力兼具的国家。中国历史上的西汉盛世、大唐盛世和清代的"康乾盛世"，主要是通过软硬实力相结合来实现的，不仅军事和经济实力强盛，而且文化繁荣，对内对外都有巨大的影响力和吸引力，内部团结，外部安宁。改革开放以来，我国的硬实力得到快速发展，软实力发展相对滞后，出现国内问题复杂，国际不了解、不理解中国的现象。近几年来，我国开始调整发展战略，把文化建设作为社会主义现代化建设的重要战略任务，提出"科学发展观"、"促进社会和谐"、"建设和谐世界"等理念，牢牢把握先进文化的前进方向，大力弘扬民族精神，优先发展教育和科技，为经济建设、政治建设、社会建设等提供正确的方向保证、不竭的精神动力和强大的智力支持。

（3）中国文化软实力能满足人民群众日益增长的文化生活需要

改革开放30多年来，我国国民经济得到飞速发展，人们的消费观念和消费欲望也不断提升。人们对生活需要的追求是从低级到高级依次递进的，是有层次的。第一层次是生理性需求，包括人维持生命的衣食住行、婚姻、身体健康和人类自身的繁衍等方面的需要，这是最基本的需要。第二层次的需要是社会性需求，人们都希望一个安定、和谐、有保障、有秩序的社会，以保障生命和财产的安全。第三层次是心理性或精神性的需求。随着社会生产力的迅速发展和物质生活水平的不断提高，人们必然更多地关注心理、精神等方面的需求。也就是说，物质消费和安全需要得到满足之后，精神消费成为主要消费。而满足精神文化的消费，主要是通过发展文化软实力，大力生产高质量的文化产品。因而，发展中国文化软实力需要推进公共文化服务体系建设，以建设社会主义和谐社会文化为主要任务，牢牢把握先进文化的前进方向，大力发展文化事业和文化产业，不断提高满足人民群众精神文化需求的能力。

（4）发展中国文化软实力是构建中国社会主义和谐社会的需要

作为软实力的文化，不仅包括音乐、舞蹈、戏剧、绘画、电影、电视、图书等，也包括价值观、伦理道德、政治素质等。价值观和伦理道德是以善与恶、正义与非正义、诚实与虚伪等概念来评价人们的各种行为和调整人们之间的关系，从而达到约束个人行为和意识、维护社会和谐的目的。政治素质是文明社会人们从事社会政治活动所必需的基本条件和基本品质，是实现、维护、发展自身利益的基础，最终关系着整个社会政治文明的状况，关系着社会和谐的程度。因此，构建社会主义和谐社会需要提升人的文明素质，关键在于提升个人的文化软实力。只有建设社会主义核心价值体系，才能有效规范人的意识和行为，才有可能建设人与自然、人与人、人与社会和睦相处的和谐社会。

3. 中国文化软实力的发展战略

中国与发达国家尤其是与美国相比，差距最大的不是国内生产总值和军事实力，而是各种软力量。在各国日益重视文化软实力的今天，探索出一条高效率的提升我国文化软实力之路，成为振兴中华民族、增强综合国力、实现伟大复兴的当务之急。

（1）国内发展战略

加强文化软实力建设是建设有中国特色社会主义的应有之义，同时，也有利于抵制西方世界文化霸权主义对我国的威胁。那么，如何加强文化建设，做大做强自身的文化软实力，则是一个我们必须要以积极的态度来探讨、研究的现实问题。

我们知道，文化作为软实力，其力量除了来自本身衍生之外，还要借助经济、军事等硬实力因素才能更有效地体现和发挥出来，也就是说它仍要以军事、经济等硬实力为基础、为依托，才能发挥出能量。经济的发展和军事力量的强大是构建中国文化软实力的前提和基础。我国在强调文化软实力价值的同时，决不等于要忽视经济、军事等硬实力作用的发挥，中国文化软实力的大力发展仍然需要硬实力的支撑与保护。国际关系史证明，经济是一种催生力量，影响着软实力作用的发挥。经济力量强大的国家，其文化的辐射力就大。目前世界范围内文化产品的流向也是从经济力量强大的国家和地区流向经济力量相对较弱的国家和地区。同时，军事力量是国家安全体系中最为关键的环节，其实力强大与否也制约着文化软实力水平的提高。所以加强文化软实力建设，其前提是要做好做足经济、军事等硬实力的功夫，以综合力量提升我国文化在世界文化体系中的地位。当然，经济、军事与文化的联系再密切也不可能替代文化自身的发展。因此，需要从文化自身的角度来探讨如何加强我国文化软实力建设。

首先，要充分发掘中华传统文化的优势。中华民族文化博大精深，源远流长，影响深远，其厚重的历史文化沉淀，在世界文明史上占有极其重要的地位，同时也是我国文化软实力的首要资源和重要基础。因此，要充分发掘中华传统文化的优势，正确认识和对待祖国的传统文化，需要取其精华，去其糟粕，使其与时代特征相适应。在全球化蓬勃发展的今天，我们要大力推进民族文化创新工作，使民族文化能够与时俱进，进一步增强中华文化对世界的影响力。

我们的民族文化是随着中华民族的发展而发展起来的，它对于中华民族的形成、繁衍、统一、稳定和自立于世界民族之林，都起到了不可替代的巨大作用，有着超越时代的深远影响。而刻苦耐劳、酷爱自由、不畏强暴、英勇奋斗、从不屈服于外来压迫的民族精神，正是中华民族优秀文化传统的集中体现。

因此，我们在充分发掘中华传统文化优势的同时，还要大力弘扬和培育中华民族精神，增强中华民族的凝聚力。江泽民在中国共产党第十六次全国代表大会上的报告中指出："一个民族，没有振奋的精神和高尚的品格，不可能自立于世界民族之林。""必须把弘扬和培育民族精神作为文化建设极为重要的任务，纳入国民教育全过程，纳入精神文明建设全过程，使全体人民始终保持昂扬向上的精神状态。"民族精神是民族文化的历史产物，是民族文化的精髓之所在，它是一个民族赖以生存和发展的精神支柱。在五千多年的历史长河中，中华民族创造了灿烂的中华文明，并形成以爱国主义为核心的团结统一、爱好和平、勤劳勇敢、自强不息的伟大民族精神。爱国主义就是千百年来形成并巩固起来的对自己祖国的一种最深厚的感情，它是动员和鼓舞人们为自己祖国的生存和发展前赴后继、奋斗不息的一面旗帜。因此，弘扬和培育民族精神，要着眼于爱国主义教育，并把它作为一种内在的动力释放到建设祖国的伟大事业中去。

其次，推进文化创新和文化体制改革。文化软实力的提高，需要来自文化自身的内在动力，这种内在动力的发挥，需要文化在内容形式、体制机制、传播手段等方面的创新。创新是一个民族的灵魂，是一个国家兴旺发达的不竭动力。创新能够从深层次上破除束缚人们思想的文化观念，从而为我国文化软实力的全面提升起到巨大的推动作用。

2001年，江泽民在"七一"讲话中强调，发展社会主义文化，必须继承和发扬一切优秀的文化，必须充分体现时代精神和创造精神，必须有世界眼光，增强感召力。近年来，我国以及一些发展中国家受到来自美国等西方世界文化霸权的威胁。面对这种形式，只有坚持不断地创新，并且在保持民族特性的基础上超越自己，才能更加有效地抵制文化霸权，使自身的生存免受威胁。同时，要继续深化文化体制改革，改革是推动社会主义文化大繁荣大发展的必由之路和强大动力。为了推动文化的繁荣发展，必须首先进行政府文化职能的转变，把政府的角色从一个直接的操纵者转变成一个真正的管理者。改变政府以往在文化行为选择方面的大包大揽，而使其文化职能偏重于对文化的办理和管理。也就是说，在文化行为选择上政府要退位让权，在文化职能上政府要从直接办理转到宏观管理，在角色定位上政府要成为一个服务型管理者，在转变政府文化职能的基础上，大力推进文化体制机制创新，构建文化发展的良好生态，从而使我国先进文化永葆活力。

最后，大力发展文化产业。发展文化产业既是我国文化软实力建设的重要内容，也是增强文化软实力的重要手段。根据《2001—2002 年：中国文化产业发展报告》中的界定，文化产业是就所提供产品的性质而言，可以被理解为向消费者提供精神产品或服务的行业；就其经济过程的性质而言，可以被定义为按照工业标准生产、再生产、存储以及分配文化产品和服务的一系列活动。文化产业作为一种特殊的产业门类，具有商品生产和精神生产的双重属性、经济和社会的双重效益。

我国是一个文化资源大国，五千多年的文明史积累下了丰厚的文化资源，这使我国具备发展文化产业的独特优势。但是，在过去相当长的一段时间内，我们忽视了传统文化的经济价值，对传统文化的利用，也仅仅停留在对优秀民族文化遗产的保护与继承的层面上。那么如何从消费市场和现代产业角度来发掘文化资源的市场价值，从而再进行有效的开发和利用呢？这是中国文化产业发展必须考虑的问题，也是提升中国文化软实力的重要问题。

大力发展文化产业，首先要坚持正确的文化方向。弘扬主旋律，树立正确的世界观、人生观和价值观，使文化能够体现时代的发展要求，并能够满足人民群众的需要。其次，建立完善的文化产业法律体系。通过建立健全完善的法律体系，能够有效地规范文化市场，从而依法管理文化产业，真正做到有法可依，有法必依。再次，调整产业结构，推动产业结构的优化与升级。合理的产业结构，能够保障各产业间的协调发展。合理的布局，也能使城市和农村、发达地区与落后地区协调发展。最后，确立文化产业人才战略。培养并吸收优秀人才，有利于造就一大批专门型管理人才和复合型管理人才，从而提高文化产业经营人员和管理人员素质。

（2）国际发展战略

当今世界，各个发达国家和新兴工业化国家为了占领文化高地，纷纷制定了文化发展战略。许多国家都极为重视文化国力建设，如日本政府早在 1998 年就提出"文化立国"的战略；法国也于近年提出"文化欧洲"的设想，谋求建立欧洲文化共同体；美国也吸收历史上霸权兴衰的经验教训，以更为隐蔽的方式在国际社会中构建了一种新的霸权模式，即在注重发挥传统实力资源优势的同时，更注重在文化、经济和科技等领域的影响和渗透，这也是美国为何长期保持其霸权地位的一个重要原因。因此，从国家对外战略的层面对文化要素加以挖掘、整合与利用，对于国家实现其对外战略目标显然具有重要意义。文化作为综合国力的重要组成部分，在当今国际竞争中的地位和作用日益突出，为提升我国文化占世界文化市场的份额，制定相关的对外文化软实力战略迫在眉睫。

一方面，大力推行文化出口。我国应在了解本国特色和优势资源的基础上，对外宣传本国的特色文化，并通过举行重大的国际活动，将自己的文化推销出去。事实表明，北京奥运会的成功举办，不仅塑造了我国文化大国的形象，而且扩大了我国文化在世界范围的影响力。同时，要积极促进传统文化与现代生活的融合，借助我国优秀的传统文化资源，发挥其在现实生活中的优势，并以此为平台，集中力量开发具有国际竞争力的文化品牌，加大投入力度，加大人力以及资金的投入，以此来推动文化创新。

另一方面，加强文化对外交流。文化外交是以文化传播、交流与沟通为内容所展开的外交，是主权国家利用文化手段达到特定政治目的或对外战略意图的一种外交活动，是主权国家重要的外交形式之一。随着知识经济时代的迅速发展，文化与国家政治、经济、社会生活的联系日益密切，它可以轻易地穿越国界，在世界范围内产生巨大影响。文化软实力的发展，离不开各国之间的文化外交。全球化背景下，各国之间的文化交流日益频繁，文化竞争成为综合国力竞争的重要组成部分。因此，我们应努力抓住全球化这一契机，加强与世界各国之间文化的交流与合作，在国际舞台上施展自己独特的文化魅力。

（三）坚持以人为本

1. 以人文本是历史唯物主义群众史观的具体运用和发展

马克思、恩格斯在创立唯物史观时，就开宗明义地指出，人类历史的第一个前提无疑是有生命的个人的存在①。在马克思主义看来，历史就是人的历史，人就是历史的主体。

马克思在《1844年经济学哲学手稿》中说，在社会主义的人看来，整个所谓世界历史不外是人通过

---

① 《马克思恩格斯全集》第3卷［M］，北京：人民出版社，1995年，第23页。

人的劳动而诞生的过程。在人类社会的"历史剧"中，人既是"他们本身历史的剧中人物"，又是"剧作者"①。同时"人们自己创造自己的历史，但是他们并不是随心所欲地创造"②，这就是说，人是在历史舞台上演出，并且是按照一定的剧情——历史发展规律和必然性在演出，因而他们是主体，但又不是为所欲为的自由意志的体现者。同时，剧情又不是别的什么东西，例如上帝或观念为他们写成的，完全是他们自己创作的，他们是剧作者，因而历史又的确是他们之所为。

群众史观是唯物史观中的重要内容。强调人民群众是历史的创造者：是物质财富的创造者，是精神财富的创造者，是社会变革的决定力量。随着社会的发展，普通个人的作用也将越来越大。当人类历史发展到最高阶段——共产主义社会时，社会中所有个人都将得到全面而自由的发展，成为名副其实的历史活动家。

人是社会的根本，是历史的主体，是社会历史的创造者，也是推动社会进步的决定性力量。离开了人

---

① 《马克思恩格斯全集》第 1 卷 [M]，北京：人民出版社，1995年，第 147 页。

② 《马克思恩格斯全集》第 1 卷 [M]，北京：人民出版社，1995年，第 585 页。

就无所谓社会，更谈不上执政。因此，坚持以人为本，要求我们把人作为根本和核心，做到尊重人、关爱人、依靠人。这既是人的全面发展的根本需要，也是我们党执政兴国的根本前提。

（1）以毛泽东为代表的第一代中央领导集体对群众史观的发展

以毛泽东同志为代表的中国共产党人，在领导中国革命的长期斗争中，把马克思主义关于人民群众是历史的创造者的原理和认识论原理系统地运用于党的全部活动中，形成毛泽东思想。群众路线是毛泽东思想活的灵魂之一。群众路线的基本内容是："一切为了群众，一切依靠群众，从群众中来，到群众中去。"其中，"一切为了群众"是党的群众路线的根本出发点，"一切依靠群众"是党的基本工作方式，"从群众中来，到群众中去"是党的基本领导方法和工作方法。群众路线集中体现了中国共产党的根本宗旨，群众路线的科学内涵包括三方面内容：一是群众路线科学体现并具体实践了马克思主义唯物史观。毛泽东同志总结中国革命和建设的实践时说："人民，只有人民，才是创造世界历史的动力。"① 他告诫全党同志：

---

① 《毛泽东选集》第 3 卷［M］，北京：人民出版社，1991 年，1031 页。

"应该使每个同志明了，共产党人的一切言论行动，必须以合乎最广大人民群众的最大利益，以最广大人民群众的拥护为最高标准。"① "全心全意为人民服务，一刻也不脱离群众，一切从人民的利益出发。"② 二是群众路线揭示了党的力量源泉。正如毛泽东同志所说，信任群众，紧密地和群众一道，并领导他们前进，我们是完全能够超越任何障碍和战胜任何困难的，我们的力量是无敌的。我们党90多年的实践启示我们，始终紧紧依靠人民群众，一刻也不脱离群众，我们就能够从人民群众中汲取前进的不竭力量。三是群众路线集中体现了党的根本宗旨。全心全意为人民服务，是我们党的根本宗旨。我党的历史经验表明，始终代表最广大人民的根本利益，我们党就能够永远立于不败之地，永远得到全国各族人民的衷心拥护并带领人民不断前进。

（2）以邓小平为代表的第二代中央领导集体对群众史观的发展

党的十一届三中全会，标志着邓小平同志成为党的第二代中央领导集体的核心，实现了党的历史上具

---

① 《毛泽东选集》第 3 卷 [M]，北京：人民出版社，1991 年，1079 页。

② 《毛泽东选集》第 3 卷 [M]，北京：人民出版社，1991 年，823 页。

有深远意义的伟大转折，开辟了改革开放和集中力量进行社会主义现代化建设的历史新时期。以邓小平为代表的中国共产党人大胆地冲破了曾经错误地作为社会主义基本特征的计划经济体制，大力推行以直接满足人民基本生活需求为主要特征的各种生产承包责任制，积极引导社会主义市场经济，在短短的几年当中，广大城市居民的生活有了非常明显的提高。全国城乡改革事业的成功，说明这一时期改革为民的侧重点无疑是正确的。为给我国改革开放和现代化建设中的是非得失确立一个根本性的判断标准，邓小平同志提出了"三个有利于"标准，即"是否有利于发展社会主义社会的生产力，是否有利于增强社会主义国家的综合国力，是否有利于提高人民的生活水平"。邓小平以其深邃的目光，紧紧把握着时代的脉搏，始终把发展确定为整个社会进步的主线，把人作为社会发展的核心。始终把"人民赞成不赞成、高兴不高兴、答应不答应、拥护不拥护"作为制定各项方针政策的出发点和归宿。因此，极大地调动了广大人民群众的生产积极性和无穷的创造力，从而顺利地实现了社会主义现代化建设的阶段性既定目标，成就斐然。

（3）以江泽民为核心的第三代中央领导集体对群众史观的发展

以江泽民为核心的第三代中央领导集体在马列主

义、毛泽东思想、邓小平理论的指导，站在世纪之交，运用唯物史观并结合中国实际与时俱进地提出了"三个代表"重要思想，即代表中国先进生产力的发展要求，代表中国先进文化的前进方向，代表中国最广大人民的根本利益。"三个代表"重要思想中，代表最广大人民群众的根本利益，具有最根本的意义。它像一条红线贯穿于"三个代表"中，因为无论是发展生产力，还是弘扬社会主义的文化，说到底就是为广大群众谋利益。全心全意为人民服务，是中国共产党的根本宗旨，也是党所从事的全部事业的出发点和归宿。邓小平将共产党员的含义或任务概括为：全心全意为人民服务，一切以人民利益作为每一个党员的最高准绳。江泽民强调："建设有中国特色社会主义全部工作的出发点和落脚点，就是全心全意为人民谋利益。"① 几十年来，我们党之所以从小到大，由弱到强，无论国际风云如何变幻，都能立于不败之地，最重要的原因就是党始终代表最广大人民群众的根本利益，得到了最广大人民群众的拥护和支持。因此，党要始终代表最广大群众的根本利益，必须坚持群众路线，全心全意为人民服务，实现、发展和维护好人

---

① 江泽民：《高举邓小平理论伟大旗帜　把建设有中国特色社会主义事业全面推向二十一世纪》［M］，北京：人民出版社，1997 年，第 15 页。

民的利益。

（4）以胡锦涛为核心的中央领导集体对群众史观的发展

胡锦涛的"以人为本"思想是在马克思主义理论的指导下，对新中国三代领导集体为民思想的继承和发展，密切结合当前中国改革开放的社会实践，与时俱进地提出了全新的比较系统的以人为本思想，并使其具有鲜明的时代特征。胡锦涛在西柏坡讲话中首次提出了"权为民所用、情为民所系、利为民所谋"①的思想。以人为本的关键是要坚持做到权为民所用、情为民所系、利为民所谋。做到权为民所用，就必须正确看待和运用手中的权力，始终以党和人民的事业为重，为人民掌好权、用好权，用人民赋予的权力服务于人民、造福于人民，绝不以权谋私。做到情为民所系，就必须坚持与人民群众心连心，始终把人民群众的安危冷暖挂在心上，倾听群众呼声，关心群众疾苦，切实帮助群众解决实际困难，绝不脱离群众。做到利为民所谋，就必须时刻把群众利益放在首位，始终把维护好、实现好、发展好最广大人民的根本利益作为全部工作的出发点和落脚点，坚持一切为了群

---

① 胡锦涛. 坚持发扬艰苦奋斗的优良作风 努力实现全面建设小康社会的宏伟目标 [N]. 人民日报，2003－01－03 (1).

众、一切依靠群众，立志为人民做实事、做好事，绝不与民争利。总之，必须使立党为公、执政为民深深扎根在全党同志特别是领导干部的思想中，全面落实在全党同志特别是领导干部的行动上。

马克思主义经典著作中没有直接使用过"以人为本"这个概念。但马克思、恩格斯根据他们发现的人类社会发展规律，吸收了包括人本主义思想的合理因素在内的人类文化的精华，为"以人为本"思想的确立奠定了科学的基础。现在，党中央明确提出"以人为本"，既继承和发展了马克思主义唯物史观，凝结了党执政兴国的新的经验，又指导了社会主义和谐社会的构建，体现了新的时代精神的精华，具有重大的理论价值和实践价值。

2. 以人为本思想的理论价值

（1）以人为本思想是对马克思主义唯物史观的继承和发展

以人为本是科学发展观的核心，也是唯物史观的一个基本命题，是对马克思主义唯物史观的继承。许多人认为唯物史观强调社会存在，强调规律性，因而忽视人的存在。应当指出，在马克思、恩格斯创立唯物史观初期，由于反驳唯心史观的需要，他们的理论重心是强调被唯心史观所忽视的物质因素和经济因素，对人的论述确实不多。实际上，马克思主义认为人民群众是社会历史的创造者，社会历史不是神创造的，不是精神的产物。正如马克思所说的，"历史不过是追求自己目的的人的活动而已"①。唯物史观认为人的需要与利益是社会发展的初始动力。"我们首先应当确定一切人生存在的第一前提，也就是一切历史的第一前提，这个前提就是：人们为了能够'创造历史'，必须能够生活。但是为了生活，首先就需要吃喝住穿以及其他一些东西。因此第一个历史活动就是生产满足这些需要的资料，即生产物质生活本身。"② 社会发展同自然发展不同，人们总是按自己的目标从事活动。社会的发展是社会主体的需求与愿望的满足过程和价值目标不断实现的过程，人是社会发展的最终目的。马克思主义认为，衡量社会进步有两个尺度，一是生产力，二是人的发展。人是社会历史的出发点和归宿，人的自由全面发展是人类最高的价值取向，也是人类追求的最高目标。马克思将共产主义社会定义为"在保证劳动生产力极高度发展的同

---

① 《马克思恩格斯全集》第2卷［M］，北京：人民出版社，1995年，第118页。

② 《马克思恩格斯全集》第4卷［M］，北京：人民出版社，1995年，第79页。

时又保证人类最全面发展的这样一种经济形态"①，未来社会是以每个人的全面而自由的发展为基本原则的社会形式。人的自由全面发展是社会发展的最高尺度和终极目标。经济的发展、技术的进步，都应以人为中心。人的发展和社会发展是相互促进的，社会发展为人的发展创造了必要的物质条件；反之，人的发展是社会发展的不竭动力。马克思极力倡导的是以经济发展为基础，以人的发展为中心，以发展的人民性——社会发展的成果应能使绝大多数人受益——为重要原则的发展观。

在新的历史条件下，科学发展观中以人为本的思想发展了马克思主义唯物史观。以人为本思想是在建设中国特色社会主义实践中应运而生的，它把马克思主义人学思想与中国的实际情况相结合，因此，以人为本思想的内容更加具体化了。"以人为本"，在经济发展方面，就是我们的一切生产都要以满足人的需要为目的。"着眼于创造更丰富的社会物质财富，改善人民生活，提高人民生活水平。"② 在政治发展方面，就是要把人民放在本位，让人民成为我们这个社会主

---

① 《马克思恩格斯全集》第 19 卷 [M]，北京：人民出版社，1995 年，第 130 页。
② 《科学发展观读本》 [M]，北京：学习出版社，2006 年，第 23 页。

义国家真正的主人，保障人民当家作主的权利和人民的合法权益。在文化发展方面，就是不断满足人民的精神需求，增强人民的精神力量。在社会发展方面，就是要协调好人与社会、人与组织、人与人之间的利益关系，"不断建设全体人民各尽其能、各得其所而又和谐相处的社会"。

（2）以人为本思想是中国共产党执政兴国理念的新飞跃

中国共产党执政以来，始终把实现中国最广大人民的根本利益作为自己的最高价值追求，在社会主义建设的道路上进行了不懈的探索和实践。新世纪新阶段，在全面建设小康社会、推进社会主义现代化的进程中，党中央鲜明地提出"以人为本"的主张，并以此作为科学发展观的核心内容，彰显了共产党人崇高的价值理想，标志着党的执政理念的新飞跃。

中国共产党执政以后，其根本任务在于推动生产力的发展，推动社会的全面进步，不断满足人们日益增长的物质文化需要。强调以人为本，就是要求在发展观的问题上，既要遵循自然发展的客观规律，又要满足人的发展的价值需要，追求规律性与价值性的统一。在现阶段的中国特色社会主义建设中，就是要求我们充分尊重人民群众的主体地位和首创精神，把人民作为创造财富的主体、构建社会主义和谐社会的主体，坚持一切为了人民，一切依靠人民，一切成果由人民共享，努力实现在共建中共享，在共享中共建。完全可以说，有了科学发展观这个马克思主义普遍原理与中国实际相结合的最新成果，我们党就有了有效解决前进中的各种问题的强大理论武器，中国特色社会主义就有了扬帆远航的指路明灯。

以人为本，强调人在社会发展中的主体地位，进一步升华了当代中国共产党人全心全意为人民服务的根本宗旨。以人为本，强调在社会价值体系中，以人民为价值主体，一切相信群众，一切依靠群众，一切为了群众，始终把实现好、维护好、发展好最广大人民的根本利益作为党的全部工作的出发点和落脚点，这就深刻揭示了共产党执政的根本目的。革命战争年代，为了夺取政权，党一刻也离不开群众，对人民群众的主体地位有着比较清醒的认识。革命胜利之后，随着执政时间的延长，容易自觉不自觉地淡忘群众，淡忘人民的主体地位。坚持"以人为本"，对于执掌政权的中国共产党来说，就是在任何时候都必须坚持尊重社会发展规律与尊重人民历史主体地位的一致性，坚持为崇高理想奋斗与为最广大人民谋利益的一致性，坚持完成党的各项工作与实现人民利益的一致性，牢固确立起党为公、执政为民的观念。

（3）以人为本思想是构建社会主义和谐社会的指导思想

人是社会发展的主体，社会的发展依赖于人的发展，社会发展的目的是为了人。社会的和谐又以人自身的和谐为前提。所以，在构建社会主义和谐社会的过程中，必须坚持"以人为本"的思想，确立以人为中心的人与人自身的和谐、人与自然的和谐、人与社会的和谐三个方面的内容。人与自身的和谐，是指人的内在要求和外在表现都能同时代和社会相适应，并能积极推动社会和时代的进步；人与自然的和谐，是指人在向大自然攫取的过程中，必须以尊重自然的内在规律为基础，合理有序地利用自然；人与社会的和谐，是指个人的自由与社会的认同、社会的需要相适应，个人发展和社会发展方向协调一致。

3."以人为本"思想的当代价值

发展的实践需要发展的理论。一种发展理念反映了一种时代精神、实践理性和价值取向。它引导着一个国家、民族的发展潮流，对社会发展产生重大而深远的影响。科学发展观已经成为中国特色社会主义理论体系的重要组成部分之一，坚持科学发展观中作为其精要的"以人为本"思想，有着重大的当代价值。

（1）贯彻和落实以人为本思想，有利于避免中国社会发展走向各种误区，更好地落实科学发展观

经过几十年特别是改革开放 30 多年的发展，我们的各项建设取得了举世瞩目的成就，然而，因为在指导理论上曾出现过种种偏差，实践中仍面临很多新课题，特别突出的就是"以物为本"的错误理念在经济社会中还颇有市场。这直接导致了对科学发展的片面理解，在实践中表现为存在着各种误区：如把发展误解为单纯的 GDP 增长，把 GDP 的增长作为经济发展的首要指标，单纯以 GDP 的多少来衡量经济实力的强弱；在资源配置上，以权力或金钱配置资源；把以经济建设中心理解为经济建设是唯一的，对就业、社会保障、教育、医疗等民生指标则漠不关心；过于注重物质的投入和自然物质资源的开发，过于突出物质财富的增长，经济增长的资源环境代价过大等。在这样的误区下，人被物遮蔽了，人的快乐程度并没有随着财富一同增加。显然，这有悖于以人为本的发展观。在这种错误思想指导下，或许在一定时期取得经济上的较快发展，但同时将会引发一系列严重的社会问题，不利于社会的健康发展。当代法国哲学家和社会学家弗朗索瓦·佩鲁认为，如果不从人的更高层次上去理解发展，对各种发展问题的理解就难免是肤浅的、表面的。以人为本思想作为科学发展观精要之所

在，要求我们站在"人本"这一价值角度上认真审视发展，在发展实践中正确践行。也就是说既要以"人"的方式推进当代中国发展，也要使当代中国发展有利于促进人的全面发展。具体而言：

第一，"我们党的根基在人民，血脉在人民，力量在人民"，"中国最广大人民群众是建设中国特色社会主义事业的主体，是先进生产力和先进文化的创造者，是社会主义物质文明、政治文明和精神文明协调发展的推动者"。① 人是生产力中最活跃的因素，人类智慧和能力的发展决定着对物质资源开发的深度和广度。生产力的发展，在很大程度上取决于国民素质的提高和人力资源的开发。在科学技术迅猛发展、综合国力竞争日益激烈的今日世界，人的素质往往是社会进步的强大推动力和社会进步的综合标志。未来世界的竞争，归根到底是人才的竞争，胜负取决于一个国家、一个民族的国民素质的高低。因此，开发人力资源，加强人力资源的建设，是关系我国发展的重大问题。要把充分发挥人的能力作为发展的动力和方式，把人民作为发展主体，充分调动其积极性、主动性和创造性，使人民群众积极参与社会发展。为此，

---

① 胡锦涛.《在纪念毛泽东同志诞辰 110 周年座谈会上的讲话》[N]. 人民日报，2003－12－26（27）.

必须努力开发人力资源，加强人力资源的建设，更加注重提高人的思想道德素质和科学文化素质，实施人才强国战略。

第二，把以人为本的发展理念贯彻到经济活动中，把人当作经济活动与发展的尺度和目的。在发展过程中，注意避免单纯追求 GDP，单纯追求物质财富的增加，不仅要通过经济的持续增长满足人民的物质需要，而且还要提高人民的生活质量，促进人的全面发展；注意转变经济增长方式，从依靠自然物质资源拉动经济发展转向以人力资源促进经济社会发展，即走向"人本"经济增长方式。党的十六届五中全会通过的《中共中央关于制定国民经济和社会发展第十一个五年规划的建议》强调指出："必须加快转变经济增长方式。"在过去较长一段时间里，我们实行的主要是粗放型的经济增长方式。但粗放的经济增长，是低效益的增长，使人们得不到与经济增长相适应的收入增长；粗放的经济增长，是高消耗的增长，必然导致过度向自然索取，生态退化和自然灾害增多，从而使社会财富减少；粗放的经济增长，是高排放、高污染的增长，必然会给人民健康带来极大的损害。我国目前正处在一个走出低收入国家并向中等收入国家迈进的十分重要的发展阶段，突出特点是国民经济可能保持一个较长时期的持续快速增长并出现一个"黄金发展时期"。其原因是，随着人们温饱问题的基本解决，人们从为"生存"而奋斗转向求"发展"，求"享受"，不仅要吃饱，而且要吃好，更要住得舒适，行得方便，精神、文化消费的需求也越来越高。这种消费结构的升级，将会引起产业结构的大幅调整和升级，带动经济的加速发展。但这一时期，往往也是人口、资源、环境等矛盾突出、瓶颈约束加剧的时期。为了满足人民日益增长的物质、文化和身体健康的需要，必须切实推进经济增长方式的根本转变。

第三，必须注重社会公平，正确反映和兼顾不同方面群众的利益，正确处理人民内部矛盾和其他社会矛盾，妥善协调各方面的利益关系。现实的人是矛盾的存在物。由于各人所处的社会经济地位不同，并由此形成不同的交往与社会关系。他们之间既有共同性，也有彼此不同的特殊需要和利益，从而形成各种不同的共同体。人民群众的根本利益并不是一种空洞的抽象，它是由各方面的具体利益构成的。在社会主义市场经济条件下，人民群众的具体利益日趋多元化，不同方面的具体利益之间的关系呈现出错综复杂的局面，对这些具体利益关系的处理，都涉及人民群众的根本利益。因此，我们在具体开展工作时，都应该正确反映并正确处理好各种利益关系，认真考虑和兼顾不同阶层、不同方面群众的利益。凡是有利于实现好、维护好和发展好最大多数人的利益的事情，我们就应该千方百计地办好；凡是有损于最大多数人的利益的事情，我们就应该坚决地予以制止。只有这样，科学发展观的以人为本思想才能真正落到实处。为此，我们要确立起共享经济社会发展成果的基本理念，把公平作为发展的重要原则。这就要求：一是发展中既注意代际间的公平，也要注意代内间的公平。这就要求我们当代人的发展必须兼顾后代人的利益，关注社会上那些容易受到损害的群体的利益，同时也要注意缩小社会差距，通过机会公平来促进更为合理的分配。二是以民生为本，合理安排公共投入的优先顺序，加大公益事业的投入。公共投入的基本职能和目的是要满足公众的需要。它分为不同的层面，并呈现出一种梯度递进的状态。其中，社会保障、义务教育、公共卫生属于基本民生方面的需要，也是民生问题的基本着眼点。因此要加大对教育、科技、文化、卫生、安全等方面的投入，满足人们社会生活日趋多元化的需求。只有这样，才能维护最广大人民的根本利益，从而有效地维护和促进社会公正。在此基础上建立和完善社会保障体系，深化劳动就业体制，实现充分就业。同时要建立公正、合理的社会分配秩序，还要注意健全社会主义法制。与此同时，坚决反对借效率优先而导致的社会群体分裂严重分化的局面，着力避免人民群众收入差距过大，让人民群众共享经济社会发展的成果。

（2）贯彻和落实以人为本思想，有利于促进小康社会的全面建设，构建社会主义和谐社会

改革开放以来，我国成功地实现了由贫穷到温饱又到总体小康的两次历史性跨越，正向着全面建设小康社会进而实现现代化的目标继续前进。在这个新的发展阶段，"讲的发展不只是指经济增长，而是在经济发展基础上实现社会全面发展，既包括在经济社会发展基础上促进人的全面发展，也包括人与自然和谐发展；既满足当代人的需要，又不对后代满足其需要的能力构成危害的可持续的发展。它要求我们在制定方针政策时，既要关注社会指标，也要关注自然和生态指标；既要关注近期指标，也要关注远期指标"①。因此，"必须将科学发展观贯穿于全面建设小康社会和社会主义现代化建设的全过程"，在全社会逐步树立起以人为本的价值理念，积极推进小康社会的全面建设。国际经济和社会发展的经验表明，人均 GDP 在 1000—3000 美元时，是一个国家经济社会发展的"多事之秋"。"既有因为举措得当从而促进经济快速

---

① 钟轩理. 天地之间莫贵于民——如何正确理解以人为本 [J]. 新华文摘，2004，(24).

发展和社会平稳进步的成功经验，也有因为应对失误从而导致经济徘徊不前和社会民族动荡的失败教训。"① 我国正处在这样一个关键时期，人民内部矛盾更加复杂，社会不稳定因素增多，各种思想文化互相激荡，资源、环境、安全、祖国统一等问题形势不容乐观。必须坚持以人为本，才能更好地处理这些错综复杂的问题。如果不抓住以人为本这个根本，盲目治理纷乱的问题是不能很好解决的。只有依靠人的力量和智慧，调动人的参与，解决人的问题，实现人的发展，才能解决好诸多问题，实现小康之梦。

党的十六大作出全面建设小康社会的战略决策，十七大进一步提出了实现全面建设小康社会奋斗目标的新要求，即增强发展协调性，努力实现经济又好又快发展；扩大社会主义民主，更好保障人民权益和社会公平正义；加强文化建设，明显提高全民族文明素质；建设生态文明，基本形成节约能源资源和保护生态环境的产业结构、增长方式、消费模式；加快发展社会事业，全面改善人民生活。这是一个由经济、政治、文化、生态和人的全面发展构成的综合发展目标体系。相对于我国现代化建设的前两步目标来说，它

---

① 胡锦涛. 提高构建社会主义和谐社会的能力 [N]. 人民日报, 2005－06－27 (1).

是又一次质的飞跃，进一步体现了以人为本的理念。它要求我们制定方针政策时既要关注经济指标，也要关注政治和文化指标；既要关注社会指标，也要关注自然和生态指标；既要关注近期指标，也要关注长远指标。一句话，人是社会发展的主体、关键和目的。

当前我国正在建设和谐社会。"构建社会主义和谐社会，是我们党从全面建设小康社会，开创中国特色社会主义事业新局面的全局出发提出的一项重大任务，适应了我国改革开放进入关键时期的客观要求，体现了广大人民群众的根本利益和共同愿望。"[①] 构建和谐社会，必须处理好以下关系。

首先，要处理好人与自然的关系。人类认识和改造自然界的目的是为人类自身创造良好的生存条件和发展环境。在过去相当长的一段时间里，以征服自然为目的，以科学技术为手段，以物质财富的增长为动力的传统发展模式，在一定程度上破坏了人类赖以生存的基础，使人类改造自然的力量转化成为破坏人类自身的力量。人们在试图征服自然的同时，往往不知不觉地变成了被自然征服的对象。其实，恩格斯早就告诫，不要过分陶醉于对自然界的胜利。对于每一次

---

① 胡锦涛. 提高构建社会主义和谐社会的能力 [N]. 人民日报，2005－06－27 (1).

这样的胜利，自然界都会报复我们。这一切告诉我们：决不要再走发达国家先污染后治理的老路，必须树立以人为本的科学发展观，找到一条人与自然和谐可持续发展下去的道路。十六届三中全会提出的"五个统筹"，其中之一就是"统筹人与自然的和谐发展"，这是一条符合中国国情的可持续发展之路。实际上，只有人与自然的关系和谐了，生态系统保持在良性循环水平上，资源得到合理的开发，人的发展才能获得永续的发展空间，社会才能得到和谐的发展。

其次，要处理好人与社会的关系。改革开放以来的 30 多年是我国城乡居民收入增长最快的时期。但也要看到，在经济发展和社会进步的同时，也面临一些新的问题和挑战，比如城乡差别、区域差别、贫富差距进一步扩大、城乡困难群体的出现、效率与公平的矛盾越来越突出等。科学发展观突出以人为本，正是抓住了发展的核心和本质。为此，要逐步增加各项社会发展、生态资源、环境建设的投入，特别是要加大对社会管理和公共卫生、公共服务方面的投入。对那些能够帮助贫困群体、失业群体和弱势群体重新融入社会并在经济发展过程中重新获得机会发展的项目，更应给予优先考虑，尽快形成经济与社会协调发展的新格局。

最后，要处理好人与人之间的关系。实现人与自然、人与社会、人与经济的和谐统一，最根本的是要处理好人与人之间的关系，建立公正合理的社会制度。我们无法设想，在一个工业文明高度发达但人民利益存在严重对立和冲突的社会里，人与人的关系会处于"田园风光"式的和谐状态。实现人与人的和谐发展，首先是建立相互尊重、理解、信任和关心的良好人际关系。其次，要树立人力资源是第一资源的观念，尊重劳动、尊重知识、尊重人才、尊重创造。要保持党同人民群众的血肉联系，促进党群之间、各阶层之间、不同地区人群之间、当代人与后代人之间关系的和谐发展。其三，必须关注和推进人的全面发展，要把促进社会中的每个人的全面发展作为社会发展的根本目标。这样，才能把社会各阶层的利益和追求统领在社会和谐发展的总目标下，增强各阶层的凝聚力，共同为建设和谐社会而努力。反过来，只有发挥社会各阶层人的主体性、能动性、创造性和凝聚力，我国现代化建设的战略目标才能如期实现，社会主义制度的优越性才能得到充分体现，社会成员才会有更高的荣誉感、自豪感、满足感，从而推动社会真正的和谐发展。所以，"以人为本"凝结了对人的发展的长远思考，也凝聚了人心，体现和谐社会的终极目标和人文关怀。

总之，坚持以人为本的思想，切实维护广大人民的根本利益，始终坚持尊重人、理解人、关心人，把广大人民群众的得与失置于日常各项工作的首位，才能真正贯彻落实科学发展观，全面建设小康社会，构建社会主义和谐社会，不断开创中国特色的社会主义事业新局面。

（3）贯彻和落实以人为本思想，有利于加强党的执政能力和先进性建设，巩固党的执政地位

党是中国特色社会主义事业的领导核心。科学的发展道路是党领导开辟的，伟大的发展事业要靠党来领导实施。任何一个政党要带领人民建设好自己的国家，不断实现好、维护好、发展好最广大人民的根本利益，就必须顺应时代潮流，把握发展机遇，依靠人民的智慧和力量，在实践中开辟符合本国国情的发展道路。"我们党执政 50 多年的实践告诉我们，提高党的执政能力和先进性、巩固党的执政地位，是我们党执政以后的一项根本任务，也是我们党将长期面对并必须始终解决好的一个历史性课题。"①

党的执政能力包含多方面的内容，执政理念尤为重要。它是执政党围绕执政目标所确立的基本理论原则和行为准则，更是执政党执政的基本经验、执政的

---

① 胡锦涛. 在中央纪委第五次全体会议上的讲话［N］. 人民日报，2005－01－12（1）.

根本指导思想、执政总方针和总政策的理论概括和升华，是执政党执政理论的灵魂。如果没有科学、先进的执政理念，党的执政能力建设就会失去方向。

当前，党的执政已经进入一个崭新的阶段，市场经济的迅速发展，极大地改变了社会状况，在极大推动社会进步的同时，也带来了一系列的新问题。改革开放的深入，中国全面走向世界，不仅极大地促进了国内经济、政治的发展，而且使得中国以近现代史上从未有过的雄姿参与到了世界事务的管理。这些变化极大地改变了党的执政环境，使得党的执政实践在一个相对陌生的环境中进行。而党的执政能力同新形势新任务不完全适应，对改革发展稳定等一些重大实际问题的调查研究不够深入；一些基层党组织软弱涣散；少数党员干部作风不正，形式主义、官僚主义问题比较突出，奢侈浪费、消极腐败的现象比较严重。在这种情况下，党必须拓展执政理念，以科学、成熟的执政理念来指导党的执政实践。

以人为本同我们党全心全意为人民服务的根本宗旨和代表中国最广大人民群众的根本利益的要求是一致的。它是我们党进行现代化事业的必然选择，是中国共产党执政为民的先进理念。坚持科学发展观的以人为本思想，为加强党的执政能力建设，巩固党的执政地位指明了前进的方向，并奠定了坚实的基础。增强党的执政能力从根本上说就是要长期保持和巩固党的执政合法性，密切党同人民群众的血肉关系。在新的时代条件下，我们党作为执政党，面临的最根本的课题是能不能始终代表最广大人民的根本利益，始终全心全意为人民服务。提高党的执政能力必须做到：

一要牢固树立和落实以人为本的执政理念。随着改革开放的深入，"如何建设党，建设什么样的党"的问题被突出地提了出来。江泽民同志把"三个代表"重要思想作为党的执政理念，从而进一步增强了党的凝聚力、创造力和战斗力，党的执政地位得到进一步巩固。今天党的执政条件、环境和任务都发生了重大变化，尤其是在我国加入世贸组织，国内的经济社会之间、城乡之间、各地区之间、不同社会群体之间以及人与自然之间的矛盾日益凸显的情况下，发展仍是党执政兴国的第一要务，发展必须坚持为人民服务。所以，必须树立以人为本的执政理念。这一执政理念是新世纪加强党的执政能力建设的最本质要求，体现了中国共产党始终坚持解放思想、实事求是、与时俱进地运用马克思主义的立场、观点、方法研究分析新实践中出现的问题，并不断总结、概括、完善党的群众路线，保持和巩固党的执政合法性，增强党的执政能力。把以人为本作为党的执政理念，要求"立党为公，执政为民"，要求党把以人为本尤其是以民为本作为一切工作的出发点和落脚点，把以人为本作为各级领导干部各项工作的基本准则。

二要树立正确的政绩观。"创造政绩是为了发展，是为了造福人民。我们讲的发展，是以经济建设为中心，经济社会的全面发展、协调发展和可持续发展；我们所讲的政绩，是为实现这样的发展而创造的政绩。……衡量干部政绩，最根本的是看人民群众拥护不拥护、赞成不赞成、高兴不高兴、答应不答应。"①也就是说政绩评价主体要实现从以上为主向以下为主转变，人民是否满意是衡量政绩以及政绩大小的唯一尺度，而政绩评价内容则必须实现由经济指标向综合指标的转变。我们要用全面的、实践的、群众的观点看待政绩。因此，要着力建立符合科学发展观要求的政绩考核体系和选拔任用机制，依靠体制、机制贯彻转变党领导干部的政绩观，从而真正促使领导干部的素质、能力转变到领导科学发展、促进和谐社会的建设上来。

① 全面落实科学发展观大参考编写组：《全面落实科学发展观大参考》[M]，北京：红旗出版社，2005 年，第 39－40 页。

参考文献

［1］黑格尔：逻辑学（下卷）［M］．北京：商务印书馆，1976．

［2］中国共产党中央委员会关于建国以来党的若干历史问题的决议．北京：人民出版社，1981．

［3］费尔巴哈哲学著作选集（上卷）［M］．北京：商务印书馆，1984．

［4］毛泽东选集（第2卷）［M］．北京：人民出版社，1991．

［5］毛泽东选集（第3卷）［M］．北京：人民出版社，1991．

［6］邓小平文选（第3卷）［M］．北京：人民出版社，1993．

［7］邓小平文选（第2卷）［M］．北京：人民出版社，1994．

［8］马克思恩格斯全集（第1卷）［M］．北京：人民出版社，1995．

［9］马克思恩格斯全集（第2卷）［M］．北京：人民出版社，1995．

［10］马克思恩格斯全集（第3卷）［M］．北京：人民出

版社，1995.

[11] 马克思恩格斯全集（第 4 卷）［M］. 北京：人民出版社，1995.

[12] 马克思恩格斯全集（第 19 卷）［M］. 北京：人民出版社，1995.

[13] 马克思恩格斯全集（第 42 卷）［M］. 北京：人民出版社，1995.

[14] 马克思恩格斯全集（第 46 卷）［M］. 北京：人民出版社，1995.

[15] 马克思恩格斯选集（第 1 卷）［M］. 北京：人民出版社，1995.

[16] 马克思恩格斯选集（第 2 卷）［M］. 北京：人民出版社，1995.

[17] 列宁选集（第 3 卷）［M］. 北京：人民出版社，1995.

[18] 江泽民. 高举邓小平理论伟大旗帜　把建设有中国特色社会主义事业全面推向二十一世纪. 北京：人民出版社，1997.

[19] 全面落实科学发展观大参考编写组. 全面落实科学发展观大参考［M］. 北京：红旗出版社，2005.

[20] 中共中央宣传部. 科学发展观读本［M］. 北京：学习出版社，2006.

[21] 张传开. 马克思主义哲学范畴在当代的发展［M］. 合肥：安徽人民出版社，2006.